JN410177

빈손의 미학

빈손의 미학

황점복 수필집

신아출판사

| 책을 펴내며 |

세상에는 장미같이 아름답고 예쁜 꽃이 있는가 하면
나리처럼 담장에 꼭 기대어 매년 여름을 기다리는 꽃이 있기도 하고
누구의 눈에 띨지 말지 모르는 분꽃과 채송화도 있습니다.
과꽃과 해바라기도 초라한 뜨락을 풍요롭게 가꾸고
퇴락한 돌담을 정겨운 공간으로 바꾸어 주기에
더불어 어울리는 꽃밭이 됩니다.

지식이 발달하면 할수록 홍수처럼 흘러넘치는 글들이기에
미루고 미뤘지만, 인생의 강을 건너는 동안
때로는 진한 감동으로, 견딜 수 없는 심정으로 쓴 글이기에
한 권의 책으로 엮었습니다.
같은 시대를 사는 사람으로서,
조금이라도 공감하는 부분이 있다면
미소 한번 지을 수 있는
희망을 품을 수 있을 것 같습니다.

지금까지 함께해 주신 하나님께 영광을 돌리며,
글을 쓸 수 있도록 사랑으로 함께한 남편과 가족,
지도 편달을 해주신 교수님, 모든 지인들에게
진심으로 감사드립니다.

2009. 10

목 차

2부 빈 손의 미학

3부 가슴에 품은 향기

4부 물 건너 세상을 보다

5부 살며 사랑하며

작품해설

1부

내 마음의 풍경

검정 고무신

나 어릴 때는 고무신이 일년 내내 신는 신발이었다. 특히 비가 잦은 여름이면 운동화보다도 인기가 있는 것이 바로 검정고무신이었다. 물론 구두나 운동화를 신지 않은 것은 아니었지만.

앞마당 뒷마당, 동구 밖의 신작로며 논둑길도 온통 흙탕물로 뒤범벅이던 장마철, 구판장에 심부름이라도 한번 다녀오면 신발은 진흙으로 곤죽이 되는 게 예사였다. 하지만 길가 도랑물에 발을 담그고 몇 번 흔들면 금세 속까지 반질반질해지는 것이 바로 고무신이다. 또 잠시만 볕에 세워두면 금방 말끔하게 마르니 이보다 좋은 여름 신발은 없었다.

그리고 이 고무신은 질기면서도 값이 싸다는 것이 특징이다. 그러나 아무리 싸고 쇠가죽처럼 질기다 해도 시골길에서 신다 보면 어느

새 옆구리가 터지고 바닥이 해어지기 때문에 자갈 없이 반반하고 고운 흙길을 걸어갈 땐 고무신이 닳을까 봐 벗어서 손에 들고 맨발로 걷고 뛰었던 기억이 새롭다.

그래도 닷새장이 서는 장날에는 육중하고 뜨거운 쇠 지렛대 밑에서 희뿌연 연기를 내면서 고무신이나 장화를 때우려는 알뜰한 장꾼들이 줄지어 서 있었는데, 지금은 고무신과 더불어 흔적도 없이 사라져버려 아련한 추억으로 남는다.

바닥이 닳고 닳아 신을 수가 없거나, 나뭇가지에 걸려 찢어진 고무신, 무명실로 꿰매고 더 이상 땜질조차 할 수 없어도 처마 밑에 가지런히 모아 두었다. 어머니는 그 헌 고무신을 고물장수에게 빨랫비누와 바꾸시거나 엿장수와 엿을 바꾸어 밀가루 독에다 보관해 두었다가 우리들에게 주셨다. 그러나 나는 얼음과자장수와 아이스케끼를 바꾸어 먹기도 했나.

흰 고무신은 어른들의 신발이었고, 까무잡잡하면서도 번드르르 윤기가 흐르며 꽃무늬와 나비무늬가 새겨진 신발은 단발머리인 나의 신발이었다. 나는 그 검정신발을 보물처럼 소중히 아꼈다.

여름날, 냇가에서 놀면서 나는 꿈 많은 선장이 되어 고무신으로 배를 만들고, 모래톱에서는 트럭이나 기차, 비행기까지 만드는 등 만들지 못하는 것이 없었다. 송사리나 미꾸라지, 물방개, 우렁이 등을 잡으면 고무신에 담아서 간이 어항처럼 들고 다녔던 기억도 있다.

동네 꼬마들이 물놀이를 갈 땐 반바지에 검정고무신이 최고였다. 어머니가 장에 가시려고 보따리를 이고 종종걸음을 칠 때는 하얀 코빼기 고무신을 신었고, 아버지가 새벽 논두렁 물꼬를 보러 가실 때

신으셨던 것은 하얀 고무신이었다. 우리 동네 꼬마 아이들의 조막만 한 발에는 꽃무늬 아롱진 비단 같은 꽃고무신이 신겨져 있었다.

어느 날 더러워진 우리의 고무신을 어머님이 깨끗이 닦아 마루 밑 섬돌에 가지런히 놓아두시면 올망졸망 크고 작은 고무신에서 가족들의 정이 번지는 듯했다. 지금도 그때 일을 생각하면 어머니 아버지에 대한 그리움이 사무쳐서 뚝뚝 흐르는 눈물로 섬돌을 적실 것만 같다.

동네사람들이 마을회관이나 아버지의 사랑채에 한번 모였다 헤어질 때면 남의 고무신을 바꿔 신는 경우가 종종 있었다. 그래서 어떤 사람은 고무신 코에 하얀 무명실로 꿰매 표시를 하기도 하고, 또 어떤 사람은 달군 부젓가락으로 조그만 뚫거나 X자, ○자를 긋고, 신발 바닥에 여러 가지 표시를 하고 신기도 했다.

그러다 신발이 닳아서 못 신게 되면 잘라서 지우개로 쓰겠다고 덤벙대던 나의 어린 시절도 있었다. 그러나 이젠 그 고무신을 일부러 찾으려고 시장을 헤매도 어린 시절의 그 고무신을 찾기가 어렵다.

올해도 고열과 장마는 어김없이 찾아왔지만 옛날과 달리 시멘트 포장길은 물만을 흘려보낼 뿐 아름답던 추억은 담아가지 못했다. 그나마 오솔길, 산책길, 뒷길은 진흙길이 되어 가슴 한구석에 쌈지담배의 연기처럼 희미한 기억을 떠오르게 했다. 내 어린 시절의 그리움은 세월의 저편에서 아쉽게도 서서히 잊혀져가고 있다.

– 방통대『가람문학』(2008),『진안고을』 8호(2007)

겨울 이야기

"필~필 눈이옵니다. 하늘에서 눈이옵니다."라는 동요가 입가에서 맴돈다. 우리 고장에 6년 만에 내린 폭설이다. 하얀 눈을 보니 오랜 전설이나 사랑방이야기 같은 따끈따끈한 추억이 새록새록 피어오른다. 이처럼 눈이 많이 내리는 날이면, 어머니는 나를 무릎에 뉘이고 소금장수이야기, 깊은 산속에서 배가 고파 마을로 내려와 문틈으로 곶감이야기를 듣고 정신없이 도망쳤다는 호랑이와 곶감이야기를 들려주시곤 했다. 똑같은 이야기지만 가슴 조이며 새롭게 들었던 그 시절이 마냥 그리워진다.

오늘처럼 이렇게 눈이 내리는 날이면, 산과 들이나 지붕, 장독대, 메마른 나뭇가지 위에 눈꽃이 피어 한 폭의 멋진 설경을 연출하곤 한다. 처마 끝에 고드름이 주렁주렁 열린 이른 아침, 까치들의 인사소리가 들리고, 마당의 눈을 치우시던 아버지께선 대문을 먼저 열고 인기척을 내시곤 했다. 그러면 어머니가 일어나시고 우리들도 덩달아 눈을 비비며 일어났다.

그때의 겨울은 무척이나 추웠다. 세수를 하고 나서 문고리를 잡으면 손이 쩍쩍 달라붙었고, 밥상 위의 그릇들도 상 위에서 미끄럼을 탔다. 아버지께서는 눈을 한쪽 마당에 모으시고, 나와 언니는 눈사람을 크게 만들었다. 그 눈사람의 얼굴에 숯으로 눈썹을 고추로 입술을 붙였다. 우리 집 마당에 멋진 눈사람이 세워졌다. 아버지는 그런 모습이 보기에 좋으셨던지 눈 오는 날 아침이면 특유의 인기척을 내며 우리가 일어나기를 은근히 기다리셨다.

양지바른 마루에 앉아 삶은 고구마를 가닥김치와 함께 새참으로 먹는 날은 세상 어느 여왕이 부럽지 않았다. 어머니의 바쁘신 농사일 때문에 고구마를 많이 심지 않아서 어린 시절 우리 형제들은 고구마를 남들보다 많이 먹지 못했기 때문이다. 이렇게 눈이 펑펑 내리는 날엔 썰매를 타거나 동네친구들과 편을 나누어 눈싸움을 하는 것도 즐거웠다. 지금 생각하면 우린 일찍이 눈 위에서 뒹굴며 러브스토리 영화의 주인공 역할을 한 셈이다.

또 비탈진 언덕배기에서는 비닐포대로 미끄럼을 타기도 했다. 길을 미끄럽게 만들었다고 어른들의 꾸중을 듣기도 했지만, 우리는 눈썰매 타기와 스키타기를 개발한(?) 최초의 연구자라고 할 수도 있을 것 같다.

펑펑 내리는 창 밖의 눈을 바라보노라니 더욱더 아스라한 추억 속으로 빠져들며 마음이 푸근해진다.

그러나 요즘은 눈이 많이 내리면 어려운 이웃들이 생각난다. 소년 소녀가장이 그렇고, 노숙자들이나 양로당의 노인들도 당장 쓸쓸하고 불편할 것이다. 도움의 손길이 끊긴 이 눈 속에서 그들은 어떻게 겨울을 나고 있을까. 군밤이나 군고구마라도 한 봉지 사다 드리고 싶은 마음이다. 삼라만상이 다 눈으로 덮여 있다. 눈雪이 주는 의미를 음미해본다.

사계절 동안 수고한 만물들에게 잠시라도 쉬라는 신의 섭리가 아닐까? 땅도 겹겹이 쌓인 눈을 이불삼아 편안한 휴식을 취하고 있는 양싶다. 다가오는 새봄에 힘차게 일어서서 열심히 일하라는 위로나 격려일지도 모른다. 어쩌면 희망처럼 새하얀 꿈을 주고 생각을 비워내게 하려는 신의 섭리일지도 모르겠다. 모든 욕심에서 잠시 벗어나라고, 혹 사악해진 정신을 다시 맑게 하라는 가르침일지도 모른다.

> "사랑은 언제나 오래 참고
> 사랑은 언제나 온유하며
> 사랑은 언제나 모든 것 감싸주며 진리와 함께 기뻐하자."

이 성가처럼 모든 것들을 혹사시키지 말고 '사랑'으로 살아가면서 사랑으로 덮으라는 게 아닐까? 지금 온 세상은 새하얀 눈으로 뒤덮여 있다. 지금도 눈은 계속 내리고 있다. 함박눈이다.

꽃 이야기

나비 모양의 파란 색 달개비꽃이 오늘도 나를 들녘으로 유혹한다. 파란색 줄기 마디마디에 칼자루 같은 옥수수 잎이 언제 그렇게 컸는지, 벌써 수염이 한 자나 자랐다. 아기를 업은 듯 튼실한 옥수수가 내 키를 훌쩍 넘는다. 나는 지금 무성한 여름 속으로 성큼성큼 걸어가고 있다.

하얀색과 보라색이 어우러진 도라지 꽃봉오리를 바라보며 추억에 잠긴다. 바람이 불면 딸랑딸랑 소리를 낼 것 같은 은방울꽃, 담장을 휘돌아 핀 오렌지색 능소화와 눈을 맞추기도 한다.

들녘 예쁜 분홍빛의 배롱나무 꽃에는 아직도 빗방울이 매달려 있고, 해맑은 웃음을 전해주는 샛노란 해바라기꽃은 태양을 우러르며 목을 길게 늘이고 서 있다. 연보라색과 빨간색의 아름다운 꽃을 피우며 나무를 감아 올라가는 앙증맞은 나팔꽃과 키 작은 채송화, 그리고 봉숭아 등 갖가지 꽃들이 저마다의 자태를 뽐내며 나그네의 눈길을 붙잡고 있다. 화려한 꽃잔치다.

오늘은 저절로 입에서 동요가 튀어나온다.

"아빠하고 나하고 만든 꽃밭에 채송화도 봉숭아도 한창입니다."

어린 시절 아버지는 한약방을 경영하면서도, 책과 꽃들을 특히 좋아하셨다. 비가 내리는 날엔 꽃밭 이곳저곳에 꽃모종을 하시는 게 아버지의 취미였다. 토방 밑에는 채송화와 가을에 필 국화를 종류별로 구별하여 심었으며, 색이 고운 칸나와 구절초를 곳곳에 울타리치듯 키 순서대로 심으셨다.

뜰이 넓은 집이었다. 대문에서 집안으로 들어오는 길목의 나무들은 전지를 즐겨하셨다. 집안 구석구석 장독대까지 노란 서광꽃을 심으면 뱀이 오질 않는다고 말씀하셨다. 또 빨간 맨드라미, 봉숭아를 옮겨 심었고 원추리와 산나리꽃을 잘 정리하셨기 때문에 정말 예쁜 꽃밭이 되어 마을 사람들은 우리 집을 아름다운 집이라고 칭찬이 대단했다.

하지만, 아버지께서는 그 칭찬을 어머니와 언니들에게 돌리곤 하셨다. 어머닌 농사일과 일꾼 관리, 손님 접대 때문에 늘 눈코 뜰 새가 없었지만, 아버지의 따스한 말씀이 싫지 않은 듯 즐거워하셨다. 아버지는 '가화만사성'이라는 귀한 뜻을 잘 이용하셨던 분 같다.

비가 내린 오늘도 초록이 물결치는 들녘을 가족들과 함께 돌아왔다. 금산사로 돌아오는 길에 금평 저수지를 경유하게 되었다. 은빛 물결이 넘실대는 금평 저수지엔 풍년을 기약하는 양 물이 가득 차 있어 마음까지 풍요로웠다.

돌아오는 길목엔 여름부터 늦가을까지 끊임없이 피고 지는 접시꽃과 무궁화꽃, 개량 무궁화꽃의 고운 모습을 만날 수 있었다. 그 꽃을 보는 순간 〈무궁화 꽃이 피었습니다〉 라는 김진명 님의 소설이 생각났고, 술래잡기하던 어린 시절이 되살아났다.

들녘엔 싱그러운 초록이 물결치고, 벼들이 튼실한 모습으로 성장해 가는 모습을 보니 올해에도 틀림없는 풍년을 기약하는 듯하여 마음이 뿌듯했다.

손만 닿으면 금방이라도 초록으로 물들 것 같은 산야, 가을의 전령사인 고추잠자리가 비를 맞으며 꽃나무에 살포시 앉아 있다.

작은아이가 곤충채집을 하겠다면서 고추잠자리 날개를 잡으니 남편은 자연을 훼손하는 일이라며 만류했다. 작은아이가 잠자리 날개를 놓자마자 어디론가 푸드득 날아가 버린다.

올핸 비가 많이 내려서인지 유독 초록이 눈부시고 투명하다. 평상에서 식사를 하는 도중 뚝~ 뚝하는 소리가 들려 쳐다보니 감나무에서 초록빛 감이 떨어지고 있는 게 아닌가? 감나무뿐이 아니었다. 이곳저곳을 쳐다보니 모든 식물들이 초록 잎만 무성한 게 아니라 알차다. 대추나무는 대추를, 은행나무는 은행을 주렁주렁 매달고 있었다.

한쪽 귀퉁이에서는 탐스러운 청포도송이가 주렁주렁 익어가고 있었다. 이렇듯 나무는 나무대로 탐스럽고 아름다운 열매를 익히기 위해서 뜨겁고 강렬한 햇살에 몸을 부풀리고 있었다.

꽃들도 역시 아름다움 뒤에 까만 작은 씨앗들을 맺어 종족번식을 위해서 땀을 흘리고 있다. 호랑이는 죽어서 가죽을 남기고 사람은 죽어서 이름을 남긴다는데 나는 이 세상에 살았던 흔적을 무엇으로 남길 수 있을 것인가?

나무도 아닌 것이 풀도 아닌 것이

초록색 물감으로 온 세상을 덧칠한 듯한 여름이 한창 무르익어가고 있다. 모처럼 공휴일인 제헌절을 맞아 남편과 함께 대나무의 고장 담양을 찾기로 했다.

초록이 넘실대는 7월은 모든 생물들에게 눈부신 햇살과 축복이 쏟아져 내리는 시간이다. 7월의 포도는 알알이 익어가고, 새색시 볼에 피어오르는 미소처럼 연분홍빛 복숭아도 단내를 진하게 풍기니 과수원을 지키는 농군의 손길이 바빠지고 있다.

간헐적으로 가로수나 가까운 산속의 나무에서 들려오는 매미의 울음소리를 벗삼아 임실 운암의 옥정호를 거쳐 섬진강으로 흐르는 물줄기를 따라 달렸다. 담양에 도착하니 '한국대나무박물관'이라는 푯말이 우리의 발길을 멈추게 했다. 대나무는 독야청청 늘 푸른 나무다. 하지만 지고지순한 그 대나무는 모든 시인묵객들로부터 아낌없는 사랑을 받는다.

어린 시절 우리 동네 뒤에는 푸른 대나무숲이 있었다. 그 시절 그곳에 혼자 가기엔 두렵고도 무서웠다. 하지만, 아버지께서는 대나무숲가에 매화를 심어놓아서 늦은 봄부터 여름까지는 매화가 피었고, 그 꽃을 꺾기 위해서 나는 종종 뒤뜰을 오락가락했다. 방학이 시작되면 나는 친구들과 그곳에서 곧잘 숨바꼭질을 하기도 했다.

그렇게 대나무와 친해지다보니 무서움과 두려움이 조금씩 사라지게 되었다. 모든 사람들은 우리 마을을 병풍으로 두른 듯하다고 하여 아름다운 동네라고 했다. 대나무가 마을을 에워싸서 부자가 많이 나올 거라고 했던 기억이 새롭다.

아버지께서는 봄이 되면 죽순을 꺾어 오셨고, 어머니는 그 죽순으로 갖가지 반찬을 만들기도 했다. 어린 시절이나 지금이나 대나무는 대자리와 대소쿠리 등을 만들어 사용하고, 그 대나무 제품들은 귀한 생활도구가 된다. 특히 가을이면 대나무가 감을 따는 장대로 사용되기도 했다. 요즈음엔 담양의 음식점에서 대나무밥을 개발하여 담양을 찾는 관광객들의 인기를 끌고 있기도 하다.

언제부터인가, 그 대나무에 얽힌 추억들을 까마득하게 잊고 지냈다. 그러다 오늘은 '대나무박물관'을 둘러보며 추억을 되찾았다. 대나무박물관에 진열된 죽제품들을 둘러보니 놀라움을 감출 수 없었다. 대나무로 만들었다는 작은 액세서리에서부터 장롱, 화장대, 침대, 과일그릇, 찻잔 심지어 밥그릇까지 만들었다.

옷도 만들고, 대나무 추출액으로 음용수와 약으로까지 개발한 것을 보니 놀라지 않을 수 없었다.

윤선도 시인은 오우가에서

> "나무도 아닌 것이 풀도 아닌 것이/ 곧기는 어찌 그리 곧고 속은 어찌 비었는가// 저렇게 사시장철 푸르니 그를 좋아하노라//"

라고 대나무를 노래했다. 가녀린 대나무는 바람부는 날엔 바람 따라 쓰러지는 듯하다가도 다시 일어서는 칠전팔기의 오뚜기다. 겉으로는 부드럽지만 땅속에 깊이 박힌 긴 뿌리를 가졌기에 약하지만 강한 것이다. 대나무는 예부터 사시장철 푸르다고 해서 4군자 중의 하나로 손꼽혔고, 지조와 절개로 상징되었으며, 순절 충신의 상징이었으며, 신성과 장수 번성을 뜻하기도 한다.

한방효과로는 폐의 열을 내려주며 뇌졸중, 중풍, 심신안정과 혈액순환이 안 되는 이들에게 특효약으로 사용되기도 한다. 요즘엔 대나무잎과 감잎을 넣고 끓인 차는 더위를 이기고 살을 빼는 데 좋은 효과가 있다고 하니 일석이조다. 이 대나무로 생활의 맛과 멋을 곁들인다면 어찌 멋진 삶이 되지 않겠는가.

우리나라의 죽향인 담양을 찾아 대나무의 아름다움을 다시 맛볼 수 있어서 좋았다. 더구나 대나무 추출액을 뽑아 올려서 블루오션을 창출한다니 더욱더 뿌듯했다. 계속해서 우리 생활에 밀접한 많은 공예품을 개발해주면 좋겠다.

살아가는 동안 혹 어렵고 힘든 일이 닥쳐올지라도 늘 푸르고 깊이 뿌리를 내리는 대나무를 떠올리면서 희망을 잃지 않고 살아가야겠다고 다짐하면서 귀로에 올랐다.

—2006.7. 전남 담양군청 여행후기공모 우수상 수상

비 내리는 날의 추억

지난밤에 소낙비가 내린 덕분인지 주변이 조용하고 안개가 얇게 드리워져 산야가 눈앞에 있다. 청아한 공기를 호흡하며 창 밖을 내다보니 아직도 소리 없이 이슬비가 내리고 있다. 짙어만 가는 수목들의 부드러운 녹색이 나의 마음에 맑고 밝은 기분을 전해준다.

방울방울 맺힌 물방울들이 은구슬처럼 줄지어 나뭇잎새에서 쏟아져 내리고 있다. 이슬비는 나를 옛 추억 속으로 이끈다. 추억은 누구나 갖고 있기 마련이다.

아름다운 추억이건, 감추고 싶은 추억이건, 모든 사람들에겐 많은 추억들이 생의 발자국같이 드리워져 있으리라. 나에게는 비 오는 날의 추억이 많다. 이슬비 내리는 날의 추억도, 소낙비 내리는 날의 추억도….

초등학교 시절, 아마 이때쯤이지 않을까 싶다. 자두나무의 열매가 하나 둘 빨갛게 익어가던 방학을 앞둔 시기이니 말이다. 그날도 가랑비가 내리고 있었다. 어머니께서 우산을 챙겨주셨다.

동요에 나오는 노랫말처럼

이슬비 내리는 이른 아침에
우산 셋이 나란히 걸어갑니다.
빨간 우산 파란 우산 찢어진 우산…

그날도 나는 새 비닐우산을 받고 집을 나섰다. 집으로 돌아오는 길에는 그 우산으로는 감당하지 못할 정도로 비가 내렸다. 징검다리를 건너는 동안 그만 우산을 놓치고 말았다. 난 울면서 그 우산이 떠내려가는 둔덕을 따라 내려갔다. 얼마나 울며 내려갔던지 동네 오빠를 만나서 그 우산을 건지긴 했지만 우산은 비닐이었기에 다 찢어지고 살은 부러졌다.

걱정을 하면서 그 우산을 가지고 집으로 돌아왔다. 우산에 관한 이야기를 들은 어머닌 나의 마음을 아시는지 안타까워 하셨다. 어머니의 입가엔 미소가 스쳤지만 눈가엔 눈물이 고여 있었다. 그도 그럴 것이 어린 딸이 그 우산 때문에 넘어져서 무릎이 깨지고 나무에 걸려 다친 상처가 있었으니 그때 어머니는 어린 딸이 얼마나 안쓰러우셨을까.

중학생이 되어 가정시간에 빗물은 단물이라는 것을 알게 되고, 단물은 찌든 때의 세탁을 잘 되게 한다고 배우게 되었다. 그 때문에 비가 오는 날엔 빨랫감을 찾아서 빨래를 하는 습관까지 생겼다. 가족들 몰래 빨래를 하는 것도 꽤나 흐뭇한 일이었다.

그날도 나는 장난기가 발동하였다. 아버지께서 출장을 가시면서 입어야 하는 모시 상의를 빨게 되었다. 그래서 아주 어려운 고비를 넘기기도 했고, 드라이를 해야 되는 언니 스웨터를 빨아서 쪼글쪼글하게 만들어 옷을 입지 못하게 한 일도 있었다. 하지만 가까스로 그때마다 고비는 잘 넘겼지만 웃지 못할 에피소드를 간직하면서 청년기를 지내게 되었다.

이렇듯 비가 내리는 날엔 추억을 가슴속 깊은 곳에서 꺼내어본다. 그뿐인가? 결혼해서 아이들이 어렸을 적 일이다. 모임에서 대여섯 가정이 계곡에 물놀이를 가서 텐트를 치고 하룻밤을 지내게 되었다. 밤하늘에는 여름밤의 별들이 아름다웠다. 물소리와 소쩍새의 울음소리도 들리고 반딧불이 날아다니는 등 분위기가 좋은 밤이었다. 그런 행복한 밤을 지새는 동안 검은 구름이 몰리는가 싶더니 별안간 우르릉 쾅쾅하는 소리와 함께 감당할 수 없을 만큼 비가 쏟아졌다. 가지고 간 음식이며 옷가지가 물 속에 잠기는 등 대소동이 일어났다. 그 밤은 비 때문에 차 속까지도 온통 물바다가 되었다.

초록이 넘실대는 여름이 되면 난 그 추억들이 생생하게 떠올라 마음이 복잡하다. 설레기도 하고 두렵기도 하고. 여름이면 원치 않는 비 피해가 엄청나다. 해마다 비 때문에 안타까운 사연들이 일어나지만 비가 내리지 않는다면 우리의 삶은 어떻게 될 것인가?

오늘도 비가 주는 피해와 이득을 생각해본다. 우리가 살아가는 동안 필수불가결한 물에 대한 고마움을 감출 수가 없다. 물을 생각하면

할수록 한 방울, 두 방울 물의 위력과 소중함을 깨닫게 된다

오늘 아침에도 내리는 이슬비로 인해서 연보라색의 나팔꽃은 나뭇가지를 타고 신바람나게 뻗어간다. 꽃은 해맑은 모습으로 피어나고, 녹색식물들은 싱그럽게 태양을 향해서 더욱더 발돋움하고 있다.

제발 올해에는 큰 비 피해가 없기를 간절히 빈다.

어머니와 칸나

담장 위에 붉은 닭벼슬 모양의 홍색의 꽃, 금방 물에서 건져올린 것처럼 선명하고 싱그러운 그 꽃의 모습을 보는 순간 어린 내 마음속에선 "꿍"하는 소리가 들렸고, 사진 한 컷을 찍은 듯한 기분이 들었다. 그땐 그랬다.

싸한 바람이 불어오고 온 들녘에 벼들이 고개를 숙이는 황금물결의 가을에는 여지없이 소풍이라는 이름으로 우린 오 리고 십 리고 길을 걸어서 가을 들녘을 감상했다. 노래와 여러 특기자랑을 하면서 하루를 보내는 행사가 소풍이었다. 또 가을엔 "시화전"도 의례적으로 열었으며, 가을의 풍경을 그림으로 또는 글짓기로 권장했으며 잘 된 작품에는 상이 주어지곤 했다. 그뿐인가. 전교생 "독서의 달"을 정해서 한 사람당 몇 권씩 책읽기를 권장했으며, 가을운동회 때는 청군과 백군의 팀을 나누어 열띤 응원을 하도록 했다. 난 네 살 위인 언니가 있었는데 가을운동회에 편이 갈리게 될 때마다 약간 사이가 좋지 않았던 기억도 있다.

이처럼 가을에는 다양하게 우리의 정서를 함양하는 행사가 있어서 우리는 귀찮게도 느꼈지만 그래도 싫지 않았던 기억이 새롭다.

그날도 우리 반은 무주 적상산성으로 1박 2일의 소풍을 떠나는 날이었다.

가을산이 예쁜 단풍으로 곱게 물들었고 맹감이며 산열매들이 익어 제법 우리들의 시야에 가깝게 다가왔다. 새하얀 억새풀 역시 피어올라 들녘은 동화 속에 궁전을 생각하리 만치 마음을 부풀게 했지만, 그 꽃에 대한 생각으로 다른 것은 크게 들어오지가 않았다. 그때 그 꽃이 마음에 각인되었던 관계로 난 집에 돌아와 그 꽃 이름을 알기를 원했지만 아는 선생님과 어른들이 없었다.

나는 나의 부족한 설명탓인가 생각하면서 늘 아쉬운 마음뿐이었다. 그도 그럴 것이 그때는 인터넷이 있었던 것도 아니고 시골학교였기 때문에 도서실이 활성화되지 않았기 때문이다.

난, 그렇게 꽃에 대한 그리움을 키웠으며 아버지께서 전주에 가실 때를 학수고대했다.

다음해에 드디어 아버지께서는 종묘사에서 꽃씨를 구해오셨고 그 꽃은 그때의 그 꽃처럼은 아니었지만 그래도 홍색의 예쁜색으로 아름답게 꽃을 피워 올렸고 나의 환상을 깨지 않았으며 그 꽃은 종족번식력 또한 강했다.

다행히도 아버지와 어머니께서는 꽃을 무척이나 좋아하는 분들이었다. 틈이 날 때마다, 비가 오는 날이면 토방 밑에는 키가 작은 채송화와 화단에는 여름이면 봉숭아, 족두리, 원추리, 나리, 동자꽃, 비비추를, 장독대엔 서광과 알맞은 키에 꽃을 심기에 바쁘셨다.

부모님 덕분에 우리 집은 늘 화단이 예쁜 집이 되었고 꽃 종류가 많이 있는 집이었다.

비가 많은 여름철에도 칸나 잎이 사흘이 멀다고 내려 꽂히는 빗줄기를 타고 춤사위를 펼쳤다. 빗줄기의 리듬에 따라 유연하게 율동하는 칸나의 싱그러운 잎을 보고서 정감을 품지 않을 수 없었다. 그 모습이 좋아 울을 끼고 휘어 돌아가는 담 밑이며 화단 맨 뒷줄에는 칸나를 심었다. 많은 종류의 짙푸른 모습의 군단은 제복의 장병들처럼 도열한 모습이 좋고, 서리 내릴 때까지 연이어 피어나는, 인줏빛 타래가 무척이나 보기 좋았다.

칸나는 목이 길다. 그의 조상도 파초처럼 남국 어딘가에서 왔을 터. 모국이 그리워 수사슴처럼 관을 높이는지도 모르겠다.

칸나는 강인하다. 어디에 심어도 도무지 낯가림을 하지 않는다. 낯가림만 하지 않는 것이 아니라 여간한 가뭄이나 장마에도 잎만 두어 군데 찢기기만 할 뿐 그만이다. 울안의 화초들은 가뭄을 견디지 못해 널브러지고, 장마 때면 뿌리가 물을 켜 맥을 못추건만, 녀석은 언제 가뭄이 있었고, 비가 오고 태풍이 불었냐는 듯 기세가 자못 당당하다.

칸나는 도무지 쓸쓸하다거나 슬픈 기색을 보이지 않는다. 척박한 땅에 심겨져도 잘도 인내하는 모습이 대견할 뿐이다. 어디에서 어떻게 영양분을 걸러먹는지 튼실하게 몸 간수를 잘한다. 고난의 밑바닥을 치지 않고서 어찌 이역의 땅에서 우리가 살아남을 수 있겠냐는 듯이.

그리곤 작열하는 태양을 향해 꽃대를 밀어올린다.

칸나의 힘은 뿌리에 있다. 봄이면 어머니께서는 다락에서 뿌리를 보관한 마대자루를 끌어내려 한쪽씩 떼어낸다. 흡사 남근을 닮았다. 튼실한 것으로만 가려서 휘어돌아나간 화단을 따라가며 공들여 묻는다. 겨우내 침묵하던 대지에 생명의 기운을 불어넣는 것이다. 그러면 흙은 꿈결인 듯 그들을 품안에 받아 약 20~25여 일간 힘을 비축시켰다가 싹을 틔우게 한다. 어미는 열심히 새끼들이 불어나도록 진액을 빼고, 불어나는 새끼들은 한데 엉겨붙는다. 절대로 떨어져선 안 된다는 단단한 결속력이 가뭄과 장마를 견디어내게 한다. 땅이 갈라질 정도로 힘의 굳건함을 밖으로 드러낼 때의 뿌리는 짙은 자색이다.

하지만 여기는 남국이 아니다. 어느 날 북풍이 발을 구르다 그예 검을 빼어 든다. 밤새 번쩍이는 서슬에 칸나의 기세가 땅에 떨어진다. 서릿바람에 얼마나 태질을 당했으면 온몸이 녹슨 칭동빛일까.

그 앞에 서면 목이 메인다. 외국에서 정착한 한국인들이 생각나기도 한다. 눈만 뜨면 사탕수수밭으로 내몰려 노예처럼 살다가 그 땅에 뼈를 묻음으로 오늘날 아메리칸 제국에 코리아타운을 세울 수 있었고, 칸나처럼 당당하게 위세를 갖추고 살 수 있기 때문이다. 고난의 밑바닥을 치고 일어나 피운 영광의 꽃들인 셈이다.

매년 서릿바람이 몰아치면 어머니는 낫으로 널부러진 칸나를 베어 제거하시고 호미로 뿌리 언저리를 깊게 파헤쳐 검은 껍질을 떼어 땅에 묻고, 그 중 튼실한 것들을 골라 마대자루에 거두어 다시 보관했다. 이제는 그 꽃을 사랑하는 어머니는 이생의 여행을 마치셨으니 그 꽃을 어디에서 볼 수 있을 것인가? 칸나는 도도하게도 고운 빛으로 지금도 꽃대를 피워 올리고 있다.

그들은 사랑했던 어머니의 여윔을 아는지 모르는지? 이제는 꽃잎에 흘러내리는 빗물의 변주곡을 듣지 못할지도 모를 일이다. 귀뚜라미 소리와 함께 찬바람이 귓가를 스쳐지나간다.

문뜩, 어머니와 함께했던 어린 시절과 고향의 푸른 별들이 내 어깨 위에 조용히 내려앉는다.

오늘도 인줏빛 꽃대 위로 가을 하늘이 너무도 푸르다.

『행촌수필』 14호 게재, 동서식품 맥심상 수상(2008.11.)

제 몸이 닳아 얇아지는 숫돌

우리나라는 농경사회로부터 시작해서 산업사회를 거쳐 정보화사회로 발전해왔다. 농촌에서 태어난 나는 때때로 어른들의 일을 도우며 자랐다. 그 시대는 농사일로 분주한 탓에 농번기방학이 있었고, 그럴 때마다 어머니의 일손을 도와드렸다. 들녘으로 새참을 내가는 일은 내 몫이었다. 논두렁을 따라 물주전자도 들고 다녔다.

어느 가을날 들녘에서 벼베기가 시작되었는데 어른들이 벼 베는 게 재미있어 보였다. 나도 낫을 들고 일손을 돕는답시고 벼베기를 해보았다. 그게 몹시 힘든 일이라는 사실을 그때 깨달을 수 있었다.

벼를 베기 전에 아버지는 숫돌에 낫을 갈곤 하셨다. 집안에서 행사가 있을 때도 어머니께서는 아버지에게 부엌칼을 갈아달라고 부탁하셨다. 아버지께서 숫돌에 칼을 몇 번 문지르면 칼이 잘 들었다. 그럴 때면 어머니가 환하게 웃으셨던 기억이 새롭다. 그 칼은 이상하리 만치 잘 들었다. 나는 쪼그리고 앉아 어머니가 그 칼로 무를 썰어 반찬을 만드는 모습을 지켜보았다. 아버지가 칼을 잘 들게 요술을 부리는 것처럼 생각되었다. 긴 세월이 흐른 지금 그 숫돌에 대한 기억은 차츰 추억 속으로 묻혀졌다.

지난 설의 일이다. 큰형님이 나에게 무를 자르라고 하셨는데 도무지 칼이 무디어져 잘 썰어지지 않았다. 아무리 예쁘게 썰어보려고 애를 써봤지만 허사였다. 시간이 지나도 일 처리가 잘 되지 않아 형님에게 도움을 청했다. 형님께서는 칼이 무디다며 시숙에게 칼을 갈아 달라고 부탁하는 게 아닌가. 시숙어른은 묵묵히 숫돌을 찾아다 쓱쓱싹싹 칼을 가셨다. 어린 시절에 보았던 그 숫돌을 나는 오랜만에 다시 보게 되었다.

그 숫돌은 10여 년 전 시골에서 서울로 가져오신 이래 지금까지 사용하고 있단다. 칼은 시숙어른 손에서 몇 번인지 왔다갔다하더니 금세 번쩍번쩍 빛나는 칼날이 세워졌고, 그 칼은 무, 당근, 고구마, 파 배추 등으로 순식간에 예쁜 모양을 만들 수 있는 예리한 도구로 변했다. 참 신기한 도구였다.

세상에는 부모님의 무조건적인 사랑과 형제간의 우애, 넓게는 이웃의 사랑을 실천하는 사람들만의 사랑이 있는 줄 알았는데 무생물인 숫돌에게서 인간의 사랑이 아닌 깊고 깊은 사랑의 의미를 배우게 되었다.

우리 속담에 타산지석이라는 말이 있다. 자세히 보니 그 숫돌도 돌덩어리였다. 비록 작지만 깨달음을 얻게 해 준 숫돌이 고맙고 감사한 느낌이 들었다. 어린 시절 아버지가 요술쟁이이거나 요술쟁이처럼 신기한 힘이 있는 줄 알게 했던 그 숫돌이 세월의 흐름에 따라 제 몸이 닳아 얇아지면서 칼날을 세웠다는 것을 알았다. 무딘 연장을 날카롭게 만들어주는 숫돌도 보이지 않게 제 몸이 깎여나가는 아픔을 견디어내고 있었던 것이다.

세상의 모든 삶은 희생과 사랑 없이는 위대한 일을 해낼 수 없고, 삶도 향기나는 삶이 되지 않듯이, 말없이 작아지는 숫돌에서 또 하나의 교훈을 얻는다. 고통과 인내 없이는 아름다운 삶이 만들어지거나 신화가 생겨나지 않는다는 것을….

찔레꽃

어김없이 석양빛을 등지고 학산鶴山으로 발걸음을 옮겼다. 20여 개의 나무계단을 오르면 먼저 반기는 것이 소나무와 아까시아 향기다. 산길은 솔잎이 켜켜이 쌓여 솔잎 양탄자 산책로다. 약10여 분 정도 오르면 휴식처에서 많은 사람들이 운동도 하고 도란도란 밀린 대화를 나누기도 한다.

여기서부터는 여러 갈래 길이다. 오른쪽은 절터로 가는 길이고, 왼쪽은 약수터로 가는 길이다. 절에서 들려오는 독경소리는 무엇을 말하는지는 모르지만 인생을 노래한 시詩인 듯싶기도 하다. 오늘은 그쪽길을 선택했다. 좁다란 산책길 틈으로 보이는 여름의 산사는 녹색의 향연이다.

숲 사이로 비치는 저녁햇살은 녹음을 연록색, 약간 짙은 녹색, 점점이 짙어지는 진록색 잎으로 변하여 절로 감탄사가 나오게 한다. 형용할 수 없이 아름다운 색채감은 그림으로도 그릴 수 없을 듯싶다.

반야심경 소리를 들으며 걷는 길가에는 이름 모를 들풀과 들꽃의 향기로 가득하다. 언제 꽃이 피었다 졌는지 나뭇가지마다 알차게 여물어가는 푸른 열매가 잔잔한 감동을 불러일으킨다. 맹감나무, 버찌나무, 감나무 등에선 각양각색의 열매들이 튼실하게 자라고 있다. 새하얀 아까시아 꽃향기에 취해 혼절할 것 같은데 산딸기꽃 또한 예쁜 자태를 뽐내고 있다. 산딸기꽃도 그윽한 향기를 피운다. 소박하면서도 아름다운 꽃이다.

길목을 돌아 걸을 때마다 느껴지는 아름다운 여름산의 극치는 고즈넉한 산사이다. 부드러운 어머니의 품속 같은 포근함이 묻어난다. 가까운 절 화단에는 불도를 상징하는 설도화의 새하얀 꽃이 탐스럽게 활짝 피어 나를 반겨주는 양 싶다.

여름이면 길가의 살구나무가 많은 열매를 맺고 살구나무 아래를 지날 때면 새큼한 살구가 지천으로 떨어져 오가는 사람들을 즐겁게 해주기도 한다. 그 길을 걸어서 조금 내려오면 약수터가 나타난다. 오늘도 어김없이 약수가 세차게 솟아나 행인들의 발걸음을 붙잡는다. 동행한 S언니와 함께 한 조롱바가지의 물을 꿀꺽꿀꺽 단숨에 들이키고 주변을 둘러보니 새하얀 찔레꽃이 시선을 끌어당긴다. 아직도 내 마음속에 남아 있는 그리운 찔레꽃이 수줍은 듯 고개를 숙이고 있다. 여린 순을 꺾어서 씹으면 달착지근하기도 하고 쌉쌀한 맛이 입안에 맴돈다. 그리운 추억의 맛이다.

어린 시절 우리 마을엔 내 또래가 9명이나 있었다. 여자가 5명, 남자가 4명이었다. 우리는 약 오 리가 넘는 학교에 다녔다. 우리 부모님은 남자아이들에게 늘 부탁을 하였다. 학교를 오가며 조심하고 싸우지 말고 동생처럼 친구처럼 사이좋게 다니라고. 학교가 끝나면 책가방을 허리춤에 매거나 책 보따리를 등에 지고 가위바위보를 하면서 여름엔 아까시아 잎을 떼내는 놀이를 하거나, 그늘에 앉아 쉬기도 하고, 달리기를 하면서 초등학교 2학년까지 본교로 다녔다.

그러던 어느 날 아침, 등굣길에서 한 아이가 찔레를 한 줌 주는 것이었다. 아침에 준 찔레는 맛이 없었다. 시든 까닭이었다. 친구들과 어울려 직접 꺾어서 먹는 맛이 좋았기 때문에 시들어버린 찔레를 준 친구에게 화를 냈던 기억이 난다.

그 아이는 어려운 가정형편 때문에 먼 곳으로 이사를 하게 되었고, 지금은 그 아이의 이름조차 잘 기억나지 않는다.

오늘 찔레꽃을 보니 문득 어린 시절의 그 아이가 떠오른다. 그때 성격이 곱지 못했던 내가 미웠다. 때늦은 미안한 마음에 얼굴이 화끈 달아오른다. 지금 생각해보면 그때는 특별히 누군가에게 줄 선물이 없었지 싶다. 나는 그때 그 친구의 마음을 알지 못했다. 그 친구는 지금 어디에서 살고 있는 것일까? 어린 시절 그 모습이 얼마나 변했을까? 만나게 되면 그 얼굴을 기억할 수는 있을까? 만나면 무슨 말부터 꺼내야 하는 것일까?

얼마 전 친구에게서 연락이 왔다. 초등학교 동창회를 한다는 것이었다. 그동안 몇 번 동창회가 있었지만 형편상 참석하지 못해서 안타까웠는데, 이번 동창회 때는 모든 일을 제쳐두고 참석해야겠다. 그 아이도 참석을 할까?

청보리밭 축제

예쁘게 피었던 꽃들이 지자 연두색 초록잎새들이 앞을 다투어 솟아나는가 싶더니 요 며칠 사이에 그 잎새들은 손바닥만큼이나 부쩍 넓어졌고 햇살을 받은 연두색 잎새는 아기의 미소처럼 해맑다.

남편과 함께 연록색 잎새들의 환영을 받으며 찾은 곳은 고창군 공음면 청보리밭 축제장이었다. 보리는 막 고개를 내밀었고 남편의 생일 축하 노래라도 부르려는 듯 실바람에 푸른 고개를 흔들며 장단을 맞추고 있었다.

푸름이 넘실대는 축제장은 30여만 평이나 된다고 하였다. 주말이라선지 찾아온 관광객이 많았고 특별히 유치원생과 아이들이 많아서 보기에 좋았다. 아이들은 보리에 대해서 잘 알지 못하는데 이 현장을 둘러보면 아이들에겐 좋은 추억거리가 될 것이다.

확성기에서는 '보리밭'이라는 가곡이 흘러나왔다.

"보리밭 사잇길로 걸어가면~~뉘 부르는 소리 있어 발을 멈춘다."

남편과 함께 싱그러운 초록물결과 향기가 가득한 보리밭 길을 걸었다. 푸르디 푸른 보리밭을 배경으로 몇 컷 사진을 찍고, 숲속의 동물농장을 구경하면서 전통놀이 마당으로 발걸음을 옮겼다. 먼 추억의 현장 속으로 찾아가는 기회가 되었다.

지게 지어보기, 널뛰기, 흙놀이, 윷놀이, 굴렁쇠굴리기, 체험 및 시연장, 짚공예, 보리공예, 보리피리 만들기, 디딤돌 두드리기, 두부 만들기, 멧돌 돌리기 등. 이 모든 것들은 어린 시절 우리 생활의 일부였으며 쉽게 접했던 일들이다. 특별히 맷돌은 우리 어머니께서 즐겨 쓰셨던 생활도구였다. 명절이나 집안에 제삿날이 돌아오면 콩을 불려 맷돌에 넣어 갈고 콩물을 끓여 찌꺼기는 비지라고 해서 된장이나 찌개에다 넣어 먹고, 콩물에다 '간수'라고 하는 용액을 넣으면 콩물이 어리어 두부가 만들어졌다.

그 두부가 만들어지는 과정 중에 어머니께서는 부드러운 그 콩물을 우리에게 마시라고 권하곤 하셨다. 그때에는 그 과정을 지켜보다가도 그 물을 마시기 싫어 도망치기 일쑤였다. 지금 생각하면 단백질이 풍부한 그 두부를 먹으라는데 왜 싫어했는지 아쉬울 뿐이다.

그때마다 어머니의 눈빛은 안타까움이 역력했다. 세월이 지나서야 어머니가 왜 그 음식들을 우리들에게 먹이려 했고 우리가 먹지 않아 애를 태우셨지 알게 되었다.

지금 이 순간에도 나는 추억 속에 머물고 있다. 다듬잇돌 역시 눈 내리는 겨울밤이면 어머니께서는 하얀 옥양목 이불깃을 다듬잇돌 위에 올려놓고 박자를 맞추며 두드리기 시작했고, 그 다듬잇소리는 어둠을 뚫고 먼 이웃동네까지 울려 퍼졌다. 우리네 삶이며 정서였던 그 다듬잇소리가 그립다. 그 다듬잇소리의 고저장단은 때론 행복한 노래가 되고 때론 슬픈 노래가 되기도 하였으리라.

상설시장엔 보리와 관련된 학술자료와 국제적인 농업경영에 관한 사진이 전시되고 있었다. 농경문화 유산 전시실을 통해서 보리로 만들어지는 음식인 보리개떡, 보리튀밥, 보리찐빵, 보리뻥튀기 등을 만날 수가 있었다. 남편은 콩물을 한잔 사서 마시고, 점심식사는 보리비빔밥으로 먹자고 하였다.

우리 어머니의 손맛만큼이나 맛있는 중식을 마치고 내려오다가 '삘~릴리 삘~ 릴리'하는 소리에 뒤를 돌아보았다. 보리피리 소리였다. 어린 시절 학교를 파하고 돌아오는 길에 심심하거나 걸어오기가 지루할 때마다 우린 해찰을 하면서 보리 목을 기치 없이 뽑이 쥐고 칼로 잘라 입에 대고 힘껏 불었다. 그 보리피리는 소리를 잘 내었다. 지금 이 순간 그때 그 소리를 들으니 입가에는 웃음이 피어오르고 눈가에는 이슬이 맺혔다.

집으로 돌아오는 도중 깊은 생각에 잠겼다. 어린 아이들이 농경시대를 잘 알지 못할 텐데 청보리밭을 통해서 선조들의 생활을 직, 간접적으로 살펴보며 역사를 알게 되고, 조상들을 이해하는 데 좋은 자료가 되겠다 싶었다. 꿈나무인 어린이들이 옛날의 삶을 알아가는 행복하고 유익한 시간이 되기를 바라는 마음이 간절했다.

모든 만남은 우연이 아니며 간절한 소망과 바람의 결과이다. 사물들을 만남에는 의미가 있고 깨달음이 있으리라. 청보리밭 축제를 통해서 잊혀진 추억을 되찾을 수 있고, 남편과의 많은 이야깃거리를 찾을 수 있어서 행복한 시간이었다.

이제 불혹의 나이를 떠나 지천명의 나이를 맞은 남편이 더 소중하게 느껴지는 순간이다. 남은 생이 얼마일지는 모르지만 하늘이 두 사람을 갈라놓을 그 순간까지 남편을 더 많이 아끼고 사랑해야겠다.

추석

빨래를 널다 우연히 쳐다본 밤하늘이 푸르고 청아하다. 영창을 통해서 바라본 하늘에 달이 상현달로 희미하게 두세 개로 보인다. 이중창 때문일까? 너무도 밝은 달 덕분일까?

창을 열고 바라본 밤하늘의 달이 제법 보름달다운 면모를 갖추어간다. 남쪽에서 불어오는 바람결에 실려온 국화향기가 과일향기처럼 달콤하게 코끝에 풍겨온다. 깊어가는 가을, 바람결에 솔솔 피어나는 그리움 속에서 문득, 어린 시절의 추억이 영화의 한 장면처럼 떠오른다.

이제는 고령高齡이 되신 어머니가 뵙고 싶어 내 눈엔 그리움의 눈물이 고인다. 오랜 세월 속에 묻혀버린 추억이 물밀듯이 밀려온다. 추석은 오늘부터 닷새가 남았다. 초읽기에 들어간 셈이다.

어렸을 때는 추석이 돌아오면 며칠 전부터 추석 맞을 준비를 했다.

뒷산에 있는 밤을 털고 감을 땄다. 밤을 까느라고 가시에 찔려 피도 나고, 가시가 손가락에 박혀 애를 먹기도 했다. 그래도 가시 속에서 세 쪽 밤알이 튀어나오면 얼마나 즐겁고 재미가 있었던지! 감은 씻어서 큰항아리에 넣고 뜨거운 물을 부어 우렸는데, 땡감을 담은 항아리는 늘 아랫목 뜨끈뜨끈한 자리를 차지하고 앉았다. 며칠이 지나면 감의 떫은맛이 없어졌고, 그 감은 내 운동회날에도 나오고 추석 상에도 올랐다.

놋그릇을 내다가 기왓장 깨진 것과 모래와 잿가루를 섞어서 짚수세미로 푸릇푸릇한 녹을 닦았는데, 꽤 힘이 들었지만 놋그릇은 반짝반짝 빛날 정도로 깨끗해졌던 기억이 난다.

추석 전날, 어머니는 뒷산에서 솔잎을 따다 깨끗이 씻어놓고 밤늦도록 송편을 빚었다. 졸려서 아무렇게나 큼지막하게 빚으면 어머니께선 딸들에게 "송편을 예쁘게 빚어야 이담에 시집가서 예쁜 딸을 낳는다."고 하셨다. 욕심에 몇 개는 예쁘게 만들다가도 빨리 자고 싶어 주먹만하게 만들었던 기억도 새롭다.

그러다 오빠가 장가를 갔다. 예쁜 올케가 들어와 우리 집에서 함께 살게 되었다. 새언니는 그 당시 대학을 다닌 분이었는데, 바느질 솜씨나 음식솜씨가 좋았다. 난 늘 새언니 곁을 맴돌았다. 밤늦도록 새언니 방에서 놀고 아침에 눈을 뜨자마자 새언니 방으로 달려갔다.

그도 그럴 것이 새언니 방에는 광석 라디오 대신 들고 다니는 트랜지스터라디오가 있었기 때문이다. 밤이면 라디오 연속극을 들었고 아침에는 아침 연속낭독을 들었다. 오빠가 출근해서 퇴근할 때까지 새언니 옆에서 새언니 화장품 향내를 맡으며 라디오를 듣던 그때가 얼마나 행복했던지….

중학교에 들어가기 전 A B C를 가르쳐 준 분도 새언니였고, 자장면을 처음으로 사 주던 분도 새언니였다. 앞치마도 만들어 주었고, 머리도 예쁘게 따주었으며, 예쁜 아기인형도 손수 만들어 주었다. 봉숭아꽃을 따다 손톱에 예쁘게 빨간 물을 들여주기도 하며, "아가씨! 봉숭아꽃 물이 첫눈 올 때까지 빠지지 않고 있으면 첫사랑이 이루어진대요." 했다.

나는 첫사랑이 이루어진다는 말이 무슨 뜻인지도 모르고, 첫눈 올 때까지 그 꽃물이 빠지지 않게 하려고 손톱을 자르지 않았다.

그 어렵던 아플리케와 로오즈를 예쁘게 수놓는 법을 알려준 분도 우리 새언니였다. 덕분에 수예시간이 재미있어졌고 가사선생님께 칭찬도 들을 수 있었다.

그런 새언니는 송편은 또 얼마나 예쁘게 빚는지! 한입에 냉큼 먹을 수 있을 만치 아주 조그맣고 예쁘게 빚었다. 반죽에 색깔을 입혀 새알만하게 동그랗게 만들어 가운데 구멍을 내고 거기에 깨소금 고명을 넣어 알록달록하게 만들어 놓으면 얼마나 예쁜지 먹기도 아까웠다. 그 덕에 나도 송편은 좀 예쁘게 빚는다.

추석 전날엔 읍내 목욕탕으로 가거나 아니면 부엌에서 큰 함지박에 뜨거운 물을 데워다 물을 가득 붓고 몸을 깨끗이 씻은 다음, 장날에 새로 사온 추석빔을 입으면 그야말로 날아갈 것 같은 기분이었다. 그런데 그때 추석빔은 왜 그리도 큰 것을 사주셨는지 소매와 바짓단은 몇 번이고 걷어 올려야 했다.

그래도 새 옷을 입으면 그야말로 신바람이 났다. 새 옷에 새 운동화에 맛있는 음식이 있는 추석은 얼마나 손꼽아 기다리고 기다려지던 명절이었는지….

모든 것이 풍족하기만 한 요즘 아이들도 옛날처럼 그렇게 추석을 기다릴까?

–대전대덕문화원 전국공모 여성문학상 수상(2004. 12.)

추억과 현실

여기 물방울 하나가 한동안 머물다가 날아간 '흔적'이 있다. 이 마른 '흔적'은 지금 그 물방울이 존재하지 않는다는 더없이 확실한 물증이지만, 한때 물방울이 여기 존재했었다는 가장 유력한 알리바이이기도 하다. 그래서 그 물방울을 돌이킬 수는 없지만, 우리는 "물방울이 여기 있었다."고 말할 수는 있다. 곧 물방울의 '흔적'은 일정한 시간을 사이에 둔, 물방울의 '존재와 부재'를 동시에 증명하고 있는 실체이다.

우리의 삶도 이 물방울의 마른 '흔적'과 같다. 언젠가 존재했었던 것들에 대한 소중한 '기억'과 이제는 그것들이 한결같이 우리 곁에 존재하지 않는다는 끔찍한 '실감' 사이에서 살아가니까 말이다.

사람은 누구나 자신의 '흔적'이 타인의 기억 속에 각별하게 깃들기를 바란다. 누가 알아주건 말건 아예 초연한 사람이 없지 않지만, 대부분의 사람들은 자신이 타인의 기억 속에서 가장 직접적이고 중요한 목적어가 되기를 소망한다. 자신의 생의 한순간이 사랑하는 사람의 기억 속에 뚜렷이 각인되어 항구적으로 남아주기를 뜨겁게 열망한다. 그래서 생의 어느 한순간이 기억 속에 스스로 남아 있게 되면 사람들은 그것을 그에 대한 '추억追憶'이라 부른다. 이때 '추억'은 그냥 건조하게 머릿속에 남아 있는 '메모리memory'와는 다른 '꿈꾸는 기억'으로 거듭난다. 기억되던 그 순간이 새록새록 되살아나는 '꿈꾸는 기억', 그것이 저마다의 가슴속에 남아 있는 '추억'이다. 그러니 '추억'은 물방울 자체가 아니라 물방울의 '흔적'과 같은 것이다.

어떤 이는 이 물방울의 '흔적'보다는 물방울 자체에 대한 미련과 집착으로 시간과 힘을 낭비한다. 그리워하는 마음보다 그리워하는 대상 자체에 골몰하는 것이다. 그러나 그리움은 그리움의 행위 자체에서 빛을 발하고 그 빛을 통해 생을 아름답게 완성해 가는 것이지, 그리움의 대상을 획득하는 데 목적이 있는 것이 아니다. 그러니 모든 재회가 다 아름다운 것은 아닐 것이다.

우리 대중가요 중 최백호의 〈낭만에 대하여〉에는 "첫사랑 그 소녀는 어디에서 나처럼 늙어갈까."라는 구절이 나온다. 만약에 그 '늙어가는' 첫사랑을 우연히 만나게 되면 어떨까. 그 순간 반가움과 상실감이 동시에 밀려올 것이다. 그러니 '추억'은 그리움의 깊이로만 완성되는 것이지, 그것을 현실화하려는 욕망이 앞서면 추억에서 '꿈'이 빠져나가게 되고, 현재의 물리적 어색함만 남게 된다. 지금도 우리 기억 속에 남아 있는 프랑스 영화 〈무도회의 수첩〉이나 〈쉘부르의 우산〉은 연인들의 쑥스럽고 어색한 재회 장면을 그리고 있다. 그들은 서로 만나자 곧 서로를 잃어버린다. 현실 속의 그 사람을 받아들이지 못하고 동시에 추억 속의 시간마저 잃어버린다. 오래된 한국영화 〈겨울 나그네〉에서도 사랑하는 연인인 민우와 다혜가 어색하게 만나는 장면 또한 반가움보다는 안타까움을 담고 있다. 이처럼 모든 만남은 그 만남에 대한 열망과 그리움의 시간만큼 아름다운 것이지 그 만남의 성사 여부는 그리 중요한 게 아니다.

지금도 많은 시청자들에게 포근함을 안겨주는 'TV는 사랑을 싣고'라는 TV프로는 그 점에서 매우 역설적인 프로그램이다. 나는 그 프로그램을 보면서 가끔 엉뚱한 상상을 하곤 한다. 방송국에서 정성을 다해 찾아낸 유명인사나 연예인의 첫사랑, 그들 사이에 잃고 무너지는 옛날의 관계와 새로운 관계를 생각하게 된다.

상상해 보라. 그들은 오랜 시간을 되돌리면서 '그때'의 추억 속으로 간다. 추억 속에서 되불러낸 그 첫사랑을 방송국 스튜디오라는 현실공간에서 잠깐 만난다. 너무도 변해버린 상대가 어색하지만 반갑기는 할 것이다. 방송이 끝나고 그들은 그동안 쌓였던 이야기를 올올이 풀어갈 것이다. 이처럼 시간의 저편에 있던 한 사람을 추억 속에서 불러내 현실적으로 만난 후, 그 다음은 어떻게 될까. 오히려 그가 추억 속에 있을 때보다 그 만남이 더 왜소하고 가난한 마음으로 변하게 되지는 않을까. 이렇게 생은 '실체'일 때보다 '흔적'으로 있을 때가 더 아름답고 오히려 선명한 법이다.

"소학교 때 책상을 같이 했던 아이들의 이름과 패, 경, 옥 이런 이국 소녀들의 이름과, 벌써 아기어머니가 된 계집애들의 이름과, 가난한 이웃 사람들의 이름과, 비둘기, 강아지, 토끼, 노새, 노루, 프랑시스

잠, 라이너 마리아 릴케 이런 이름을 불러봅니다."

〈별 헤는 밤〉이란 시에서 이렇게 노래한 이는 시인 윤동주尹東柱였다. 추억 속의 대상을 안타깝게 호명하는 시인의 목소리 속에서 그들은 역설적으로 영원히 살아남는다. 우리가 고등학교 다닐 때 배웠던, 피천득皮千得 선생의 수필 〈인연因緣〉의 마지막 장면도 떠오르지 않는가.

"그리워하는데도 한번 만나고는 못 만나게 되기도 하고, 일생을 못 잊으면서도 아니 만나고 살기도 한다. 아사코와 나는 세 번 만났다. 세 번째는 아니 만났어야 좋았을 것이다. 오는 주말에는 춘천에 갔다 오려 한다. 소양강 가을 경치가 아름다울 것이다."

그가 세 번째 만난 아사코[朝子]의 시들어가는 얼굴은 그의 추억 속에 있던 아사코의 그것이 아니었다. 그는 아사코를 만나는 순간, 아사코를 되찾은 것이 아니라 잃어버린 것이다. 그렇다. 생은 '만남'으로 충족되는 것이 아니라, 끝없는 결핍이 부르는 그리움에서 완성되는 역설의 그 무엇이다. 그러니 "일생을 못 잊으면서도 아니 만나고 살기도 한다."지 않는가.

저마다의 생의 가치는 이처럼 '추억'의 부피만큼만 헤아려질 수 있는 것이다. 누구라서 인생의 의미와 가치를 명료한 척도로 계측할 수 있겠는가. 다만 자신의 시간 속에서 길어올린 '추억'이 불러주는 '꿈'을 통해 이 불모와 결핍의 생을 견디는 힘에서 생의 완성도는 갈라지는 것이다. 따라서 우리의 생의 가치는, 분주한 일상이나 만나는 사람들의 머릿수에서 결정되는 게 아니라, 우리의 '추억' 속에 살아 움직이는 '흔적'의 활력과 온기에서 입증된다. 그러나 '추억'은 아무에게나 저절로 오는 것은 아니다. 그것은 그 순간의 생을 가장 치열하게 살아간 이들에게만 남는 물방울의 '흔적' 같은 것이니, '흔적' 곧 생의 추억이 많은 사람은 그만큼 의욕적이고 치열하게 살아간 사람이다.

체코 출신의 세계적인 작가 밀란 쿤데라의 장편 ≪생은 다른 곳에≫는 프랑스의 시인 랭보의 시에서 그 제목을 따왔다. 거기에는 '사랑'이라는 이름으로 벌어지는 온갖 생의 아이러니가 담겨 있다. 이 작품의 제목은 우리의 생이 갑자기 낯선 방식으로 완성될 것임을 암시하고 있다. 생은 '다른 곳'에 있는 것이다. 추억의 저편에 '흔적'으로만 존재한다.

—공무원문예대전 .행정자치부장관상 수상(2003. 9. 23.)

추억의 원두막

폭염의 햇살에 등이 따가웠던 그해 여름, 초등학교 상급반 시절의 여름방학 무렵이었다. 오랫동안 비가 한 방울도 내리지 않아 논은 거북 등처럼 쫙쫙 갈라졌고, 썩은 물만 고인 웅덩이에서는 소금쟁이들이 이리저리 잘도 미끄러지며 더위를 즐길 때였다.

바람 한 점 없던 모퉁이를 돌아 윗마을 언덕에 원두막 한 채가 있었다. 자두나무엔 주먹만한 자두들이 대롱대롱 매달려 있었고, 널따란 나무 밑 도랑엔 개구리참외와 노란 참외가 뒹굴고 내 품을 가득 채우고도 남을 보름달 같은 줄무늬수박 모습과는 달리 속살이 빨간 수박이 태양 빛을 가득 받아 알차게 익어 가는 여름이었다.

하늘엔 구름 한 점 드리워지지 않았으니 땡볕 때문에 한낮의 농로엔 개미 한 마리 다니지 않았다. 숨이 턱까지 차올라 헉헉거리던 그 여름날, 어머니가 네댓 말의 보리쌀을 챙겨 수박을 사러갈 적 이야기다.

원두막 주인 아주머니와 아저씨는 윗담 마을 부잣집 약국 딸이 왔다며 수박 한 덩어리에 새끼수박과 노란 참외까지 맛보기로 더 얹어 주었다. 그날은 흥에 겨워 콧노래를 부르며 아랫마을 집으로 돌아왔다. 그러나 어머니는 그 과일 가운데서 몇 개는 논밭에서 일하는 일꾼들에게 새참으로 가져가시고, 깊은 우물 속에 수박 두 덩이를 담가놓고 해질녘까지 꺼내질 않았다. 나들이 가신 아버지가 돌아오지 않았기 때문이다. 나는 그날 우물 속의 수박이 먹고 싶어서 해가 지도록 우물가를 뱅뱅 돌며 아버지가 오시기만 기다렸다.

마침내 해가 지고 마당의 평상과 사랑채에 모깃불을 피워놓고 매콤한 연기에 눈이 따가운 늦은 밤 감자와 옥수수를 먹으며 밤하늘의 별을 셌다. 한낮에 우물 속에 담가둔 수박을 생각하다가 잠들고 말았다. 얼마나 잤을까. 두들겨 깨우는 인기척에 잠이 깬 나의 머리맡에는 벌겋게 익어 단물이 흐르는 수박이 웃으며 날 쳐다보고 있지 않는가. 밤늦게 돌아오신 아버지는 싱긋이 웃으며 바라보셨고 당신 몫인 수박 덩어리를 슬그머니 내 곁으로 밀어주셨다.

모깃불이 다 타고, 마파람에 게눈 감추듯 수박덩이를 한입에 삼켜버린 밤, 밤하늘에는 초롱초롱 빛나는 별들이 빽빽했다. 손을 뻗으면 닿을 것 같은 하늘의 별들이었다. 무논에선 개구리 울음소리가 자지러졌다. 개구리가족 합창대회가 열린 양 울어대던 어린 시절의 그 정경이 아련히 떠오른다.

해마다 여름이 오면 수박과 참외 자두 등을 만나게 되고, 그럴 때마다 어린 시절 그 원두막의 추억이 생각나 행복한 웃음을 흘리곤 한다.

건넌방에서 잠자는 우리 아이들에게 그런 추억의 원두막 이야기를 하면 그들은 어떤 표정을 지을까.

사람이 살아간다는 것은 추억 만들기나 다를 바 없다. 아름다운 추억은 많으면 많을수록 좋은 일이다. 그래야 나이가 들어 그 추억의 앨범을 펼쳐보는 재미가 쏠쏠하려니 싶다.

2부

빈손의 미학

겨울 철쭉꽃

어느 장소에서나 여러 사람들이 모이게 되면 취미나 특기를 묻곤 한다. 어떤 이는 사진찍기, 그림그리기, 수석, 골동품모으기, 수예 등 다양한 취미를 자랑한다. 또 어떤 이들은 테니스나 수영, 골프 등 운동을 자랑하기도 한다. 그 중에 나에게 해당되는 것은 하나도 없다. 그저 직장인 겸 가정주부라는 핑계를 댈 뿐이다. 나는 무취미가 취미인 셈이다.

그나마 조금 신통한 게 있다면 예쁜 꽃이나 열매 맺는 분재 등을 감상하는 일을 내세울 수 있다. 어린 시절 시골에서 자란 덕분으로 향기가 있는 꽃들을 좋아한다.

그래서 그런지 꽃집을 지나칠 때마다 희귀한 꽃을 보거나, 어렸을 적 보았던 꽃이 있으면 사는 버릇이 있다.

올 여름도 백합의 키가 거실 천장을 닿을 정도까지 자라서 분재형식으로 이상야릇하게 꼬여진 꽃을 보는 즐거움을 누렸고, 꽃이 바닥으로만 늘어져 피는 희한한 꽃들도 있었다. 꽃나무들이 꽃을 피우지 않을 때는 내 나름대로 기분이 좋으면 좋아서 저조하면 저조하다는 핑계로 꽃을 사다 화병에 꽂기를 즐겨 한다.

얼마 전 새 카메라를 사온 기념으로 거실 꽃을 찍어놓은 것을 보고 아이들은 "카아! 작품이다."라며 꽃을 잘 가꾸는 엄마를 치켜세워 주었다. 우선 어떤 꽃나무든지 사오는 날이면 화분을 정갈하게 닦고, 꽃잎 하나하나 정성을 들여 닦는다. 거실, 베란다, 아이 방, 나의 방으로 옮겨 놓느라 분주하다. 그런 내 모습을 보고 남편은 "꽃나무가 주인을 잘못 만나서 고생하는군!" 하며 꽃에게 연민의 눈길을 보낸다.

꽃을 키우다보면 갖가지 일화도 많다. 선인장에게 너무 물을 자주 주어서 밑둥이 썩기도 하고, 꽃나무는 가지치기를 자주 해줘야 되는데 조금 소홀하면 이발 안 한 머슴애 모양이 되기도 한다. 언젠가 비오는 여름날 "별빛 벤자민"과 "레인보우"를 아파트 앞 화단에 내어놓았더니 누군가가 버린 줄 알고 가져가 버린 적도 있다. 분갈이를 하는 날이면 이웃에게 나눠주는 즐거움도 있다. 난은 언제나 가냘프고 우아하며 노란색과 파란색의 꽃을 피워 잔잔한 향내를 내뿜는다. 가지각색의 꽃을 완상하는 기쁨도 크다. 여름 내내 꽃피우는 분재들을 보는 재미도 쏠쏠하다.

그렇게 지내다 보면 나무들에게 애정이 생기게 된다. 아파트라서 날씨가 더우면 그늘을 만들어 주어야 되고, 추운 날엔 거실로 옮겨야 된다. 그렇게 2~3년 정도가 지나면 여러 가지 상황이 발생하게 되는데 때에 따라서 꽃집에 주기도 하고 아파트 화단에 심어놓기도 한다. 봄에는 화단에 동백나무를 심었는데 건강하게 잘 자라서 늦게라도 꽃을 피워주어 아파트 사람들의 사랑을 독차지했던 일도 있었다.

요즘, 우리 집 철쭉나무에게 이변이 생겼다. 작은아이가 초등학교 5학년 새학기에 환경정리한다고 화분을 가져오라고 해서 2개를 샀다. 그래서 하나는 학교에 보내고 하나는 집에 남겨두었더니 연분홍색 겹철쭉이 지난주부터 꽃망울을 맺기 시작해서 거실에 들여놓았다. 싱그러운 꽃봉오리들을 하나 둘 터뜨리기 시작하더니 함박꽃처럼 화분 가득 피어서 가족들에게 기쁨을 안겨주었다. 나무 하나만으로도 화려함을 맛볼 수 있는데 4~5월 지리산 바래봉에 피는 철쭉은 얼마나 장관을 연출하겠는가?

겨울에 핀 철쭉꽃을 감상하고 있으니 김소월 님의 〈산유화〉라는 시가 생각난다. 고등학교 시절부터 즐겨 암송했던 나의 애송시다.

"산에는 꽃피네 꽃이 피네. 갈, 봄, 여름 없이 꽃이 피네…."

나는 이른 봄에 피는 백목련을 사랑하고, 라일락 향기를 좋아하며, 산도화 · 배꽃 · 복숭아꽃을 좋아하지만, 계절도 모르고 핀 철쭉꽃이 더없이 좋다. 우리 집 거실에서 겨울에 꽃을 피워낸 철쭉은 더욱 사랑스럽다.

지금까지는 취미가 없었던 나지만, 이제 분재 가꾸기를 내 취미라고 내세우면 어떨까? 나는 철쭉꽃을 가꾸면서 삶의 철학을 배운다. 사랑하는 것만큼 무엇인가 보답하려는 생물들의 본능을 깨닫는다. 앞으로는 꽃을 더욱 사랑하고 정성들여 가꾸면서 꽃과 많은 대화를 나누어야겠다. 꽃들이 향기를 내뿜어 사람들을 즐겁게 하듯 나도 내 이웃에게 기쁨을 줄 수 있는 향기로운 사람이 되고 싶다.

겨울나무

붉게 물들었던 단풍나무 잎도, 노랗게 물들었던 은행나무 잎도 겨울문턱에 들어서니 하나둘 떨어져 거리에 나뒹굴고 있다.

며칠 전부터 우리 아파트 벚나무 잎들을 경비실 아저씨들이 쓸어 모았다. 사각거리는 낙엽을 밟으며 걸을 수 있었는데, 오늘은 그 낙엽들을 화단 한쪽 모퉁이에 모아 불을 지피고 있는 것이다. 모락모락 피어오르는 연기에 끌려 그곳으로 발걸음을 옮겼다. 이효석 님의 〈낙엽을 태우며〉라는 수필이 생각났기 때문이다.

"벚나무 아래에서 긁어모은 낙엽을 모아 불을 붙이면, 속엣 것부터 푸슥푸슥 타기 시작한다. 가는 연기가 피어오르고, 바람이 없는 날이면, 그 연기가 낮게 드리워서 어느덧 뜰 안에 자욱해진다. 낙엽 타는 냄새같이 좋은 것이 있을까? 갓 볶아낸 커피의 냄새가 난다. 잘 익은

개암냄새가 난다.

갈퀴를 손에 들고는 어느 때까지든지 연기 속에 우뚝 서서 타서 흩어지는 낙엽의 산더미를 바라보며 향기로운 냄새를 맡고 있노라면, 별안간 맹렬猛烈한 생활의 의욕意慾을 느끼게 된다. 연기는 몸에 배서 어느 결엔지 옷자락과 손등에서도 냄새가 나게 된다."

나는 이효석 님의 수필 한 대목을 떠올리며 잠시 생각에 잠겼다.

나무는 춘하추동 사계절을 살면서 많은 변화를 우리에게 보여준다. 이른 봄에는 가뭄에도 뽀송뽀송한 새싹을 틔우며, 4월엔 제법 연한 순의 연둣빛이 곱고 예쁘다.

5월~6월엔 그 잎들의 무성함과 예쁜 꽃을 피우는 모습을 보고 청춘을 예찬했으며, 9, 10월엔 서서히 예쁜 단풍으로 옷을 갈아입기 시작하면서, 열매맺는 나무는 먹음직스럽게, 또 향내가 좋은 열매로 익어가며 산야는 멋진 한 폭의 그림으로 바뀌어진다. 이제 그 낙엽이 한 줌의 재로 변하는 순간이다.

그 화려하던 나무가 이젠 앙상해진 나무 허리에 짚으로 만든 옷이 입혀진다. 그뿐인가. 겨울나무는 설화雪花로 고드름 꽃을 피워 어느 꽃보다도 더 멋진 장관을 연출해낸다. 평탄한 들녘이건 산이건 어느 곳에서도 꼿꼿하게 서서 하늘을 우러러 한 점 부끄럼 없는 삶을 살아간다. 초연하게 자신을 내어놓고 바람이 불고 비가 오고 눈이 내려도 늘 한결같은 마음으로 늘 그 자리에서 살아가고 있다.

쉘 실버스타인이 쓴 ≪아낌없이 주는 나무≫란 이야기가 생각난다. "한 소년은 나무를 사랑했고 나무도 그 소년을 사랑했다. 나무는 그늘을 주고, 열매를 주고, 가지를 주고, 몸통까지 내어주고 그리고 오랜 시간 후에 소년이 노인이 되어 다시 찾아왔을 때, 지친 몸과 영혼을 편히 쉴 수 있도록 기꺼이 자신의 밑둥을 내어준다." 여기서 나무가 인간에게 베푸는 끝없는 사랑의 이야기로 끝이 난다.

이 책을 통해서 또는 실제로 나무를 곁에서 보면서 삶의 겸손함을 배운다. 나무는 어떠한 고난이나 어려움이 있어도 인내하며 꿋꿋하게 살아가고, 자연의 흐름에 자신을 맡긴다. 누군가가 와서 꺾으면 꺾이지만, 자기 내부에서 액을 만들어 치유한다. 그러나 감당할 수 없는 중량이 주어지면 견디지 못해서 꺾이고 만다.

우리 인간들은 어떤가? 어렵고 힘들 때마다 어려우면 어려워서 힘들면 힘들어서 덩치 큰 약골처럼 쓰러지고, 욕심 또한 〈흥부와 놀부〉란 이야기 속에 나오는 놀부처럼 얼마나 욕심을 부리며 살고 있는가. 99섬 가진 자가 1섬 가진 사람 것을 탐한다고 하지 않던가?

더 많이 가진 자가 없는 자의 것을 약탈하려는 모습들을 종종 보게 된다. 하지만 나무들은 봄, 여름, 가을, 겨울 없이 다양한 모습을 연출하며 그 가운데서 아낌없이 모든 것을 내어준다. 나무들의 삶은 역시 존경할 만한 가치가 있다.

자신을 내어주는 삶을 사는 겨울나무는 오늘도 비, 바람, 눈을 맞으면서도 겨울 동안 새로운 봄을 맞기 위해서 준비하며 살아간다. 오늘도 헐벗은 채 묵묵히 그 자리를 지키고 있는 겨울나무! 그 나무는 인간들에게 더 좋은 환경을 만들어주기 위해 산소를 공급해주고 철따라 아름다운 모습을 보여주며 묵묵히 자신의 삶을 살고 있다. 나무는 인간에게 늘 받기보다 주는 사랑을 실천하고 있다.

허영과 허세, 욕망을 버린 겨울나무에게서 사랑은 받는 것이 아니라 주는 것임을 깨닫는다.

오늘도 나는 모든 나무들에게서 삶의 가치를 배우고 있다. 나무는 나의 스승이다.

꽃무릇

한여름의 무더위가 식어가면서 아침저녁으로 선선한 바람이 불어오니 매스컴에선 경쟁적으로 고장의 특징이나 아름다움이 있는 곳을 소개한다. 그 중에서 꽃무릇 일명 '상사화'로 불리는 꽃이 여기저기에서 소개되는 것이 눈에 띈다. 산마다 불이 났다. '꽃으로 번진 불이 온 산 가득하다.' 라는 멘트를 듣게 되니 더더욱 꽃이 보고 싶어졌다.

그 꽃은 기이하게도 꽃받침 없이 7~8개의 꽃으로 봉오리를 형성하였으며 잎이 없다고 소개가 되었다. 도대체 그 꽃이 어떻게 생겼길래 꽃만 있을까? 하는 궁금증에 가족들과 상의 끝에 작은아이가 쉬는 토요일, 머리도 식혀줄 겸 떠나기로 했다.

주말 이른 아침에 함평 용천사로 향했다.

용천사의 꽃무릇은 대나무숲 아래의 군락이 볼만하였지만 아뿔싸 야속하게도 꽃은 마무리단계에 있었고 간간이 아직 지지 않은 꽃을 보면서 아쉬움을 가지고 다음해에 볼 것을 다짐하면서 돌아오게 되었다.

한 해를 보내고 다시금 가을!!

그때의 아쉬운 마음이 남아 있기에 가까운 고창 선운사로 다녀오기로 마음을 다지며 추석 마지막 날 꽃 구경길에 나섰다.

선운사 인근에는 동백꽃 못지않게 아름다운 꽃이 있는데, 그 꽃이 바로 상사화다. 상사화는 석산 또는 꽃무릇이라 불리기도 하고 수선화과의 꽃으로 그 붉기가 동백꽃에 뒤지지 않는다.

9월이면 선운사 일대와 마애불이 있는 도솔암까지 3km에 이르는 골짜기 주변에서 피어 장관을 이루는 선운산의 또 하나의 명물이다.

선운사의 가을은 단풍을 말하기엔 이직 이르지만 선운사의 가을 색깔은 붉다. 그 붉음은 산꼭대기에서 오는 것이 아니라 주름진 계곡, 산사의 조용한 앞마당에서 시작되며, 북쪽 차가운 곳이 아니라 온화한 남쪽 사찰 계곡에서 온다.

가을을 알리는 전령. 선운사는 꽃무릇으로 인해서 붉게 물들었다.

꽃무릇은 백합목 수선화과의 여러해살이 풀이다.

어떤 사람은 일본에서 혹은 중국에서 들여왔다고 하는데 확실하지는 않다. 무리지어 자라는 꽃무릇은 9월 초순 뿌리에서 꽃대가 올라온다. 꽃은 백로 무렵부터 피기 시작해 9월 말에 절정을 이루며 꽃잎을 떨군 후에야 잎이 피고, 겨울을 이기고 이듬해 봄에 시든다.

상사화엔 슬픈 전설이 애틋하다. 먼 옛날 토굴에서 용맹 정진하던 스님이 있었다. 이 스님은 어느 날 불공을 드리러 온 여인에게 한눈에 반해 버렸다. 스님은 가슴앓이를 하다가 결국 상사병으로 쓰러졌고, 그 자리에서 붉은 꽃이 피어났다. 이 꽃이 바로 상사화다.

견우직녀보다도 더 애달픈 사연을 가진 가련한 꽃. 견우와 직녀야 1년에 한번은 만난다지만 이 꽃은 평생을 가도 꽃과 잎이 만나지 못하며 꽃과 잎이 달리 피고 지는 모습이 인간세계에서 서로 떨어져 사모하는 정인들의 모습과 같다고 해 조상들이 붙여준 이름이다. 꽃말 또한 '이룰 수 없는 사랑.' 한 몸이건만 꽃과 잎이 서로 만나지 못해서 진한 그리움으로 남는 꽃. 꽃무릇을 화엽불상견花葉不相見, 상사화라고 부르는 까닭이 여기에 있다.

국내 최대 자생 군락지 꽃무릇은 우리 들판에서 피는 자생종의 어느 꽃보다 화려하다. 수술은 미인의 속눈썹처럼 길고 아름답게 휘어져 있어 흔히 '왕관'에 비유된다. 색깔이 특별하다 못해 뛰어나기까지 하다.

꽃무릇 군락에 빠졌다 나온 어느 시인은 꽃무릇에 취해 벌겋게 상기된 얼굴이다. 그는 꽃을 거느리고 싶은 욕망과 싸우면서 가을을 떠난 붉노랑 상사화를 순간 보았다고 했다.

붉노랑 상사화가 사라진 것은 이제 마음의 길을 찾은 것이라며 꽃무릇이 던져준 시적인 영감과 마음의 소리를 듣고 미칠 것 같다고 했단다. 이달 말이면 세상을 태워버릴 듯 펼쳐진 꽃무릇이 지기 시작한다.

출발하기 전 회색빛 하늘이 설마했더니 역시나 예상을 빗나가지를 않는다. 가는 날이 장날이라더니 비가 내리기 시작했고 꽃무릇들은 촉촉이 이슬을 맞으니 날개를 단 듯 날아갈 기세로 싱그럽게 피어오른다.

꽃무릇이 지고 나면 가을은 어떤 색깔의 옷을 입을까. 꽃이 지고 나면 가을은 더욱 붉게 타오를 것이다.

덕진 연못

간만에 마음이 향하는 곳으로 발걸음을 내딛다보니 덕진 연못에 이르렀다. 입구에서 '연화정'이라는 대문을 거쳐 들어가니 오밀조밀 플라스틱 큰 화분에 담긴 여러 종류의 작은 팬지꽃들이 보라색과 노란색 웃음으로 나를 반겨주었다.

길가에는 작은 도장나무가 가지런히 잘 정리되어 있고, 키 작은 매화나무가 울긋불긋 꽃망울을 터뜨렸다. 각양각색의 철쭉꽃이 야트막한 동산 모양의 숲길에 피어 있고, 겹겹이 핀 벚꽃이 너무 예뻤다. 꽃 잔디가 화려하게 피어 있는 길을 걷다보니 한 편의 시를 읽고 가라고 석정 시비가 발목을 붙잡았다. 복사꽃과 살구꽃길을 걷노라니 두 갈래길이 나왔다. 프로이트의 '가지 않은 길'이 생각났다.

노랗게 물든 숲속에
하나뿐인 나그네 몸으로 두 길을 다 가볼 수 없어
아쉬운 마음으로 그곳에 서서 덤불 속으로 한쪽 길이
감돌아간 저 끝에서 한참을 그렇게 바라보았습니다.
(중략)
먼먼 훗날 어디에선가 나는 한숨을 쉬며 이야기할 것입니다.
숲속에 두 갈래 길이 있었노라고 나는 사람이 덜 다닌
길을 택했노라고 그리고 그것이 내 인생을 이렇게 바꿔 놓았다고
말입니다.

오른쪽을 선택하여 길을 걷다보면 전북대 뒷길로 이어지고 오가는 사람들의 모습이 훤히 보이고, 녹음이 짙어 가는 건지산의 아름다운 풍광도 눈에 잡혔다. 그 길을 따라 걷노라니 연화정 구름다리를 만나 건너게 되었다. 다리 아래를 내려다보니 그 아래에선 작은 물고기들이 그룹을 지어 신나는 놀이를 하고 있었다. 고기 밥을 던져보았다. 멀리 떠났던 물고기들까지 모여들어 뾰족한 주둥이를 내밀고 먹이다툼이 벌어졌다. 그 모습이 얼마나 귀엽고 예쁘든지….

어린 시절 학교가 끝난 뒤 냇가를 지나게 될 때, 바지를 걷어올리고 물속으로 첨벙첨벙 들어가 검정 고무신을 벗어들고 고기를 잡겠다고 덤벙댔다. 그러다 바위의 이끼에 미끄러져 넘어졌던 적도 한두 번이 아니었다. 오늘따라 아련한 그 기억이 새롭다.

구름다리를 중간쯤 건너면서 다리를 흔들어 보기도 하고, 아직은 깨끗이 비어 있는 덕진 연못을 보면서 다시 푸르른 녹음처럼 다가올 연꽃을 마음 가득 그려보니 연꽃향내가 바람결에 솔솔 은은한 향으로

풍겨오는 듯했다.

도립국악원 길을 걷노라니 어디선가 바람결에 짙은 향내가 풍겨왔다. 도립국악원 울타리의 하얀 싸리꽃 향내였다. 동물원 쪽으로 향하는 연화정 뒷길을 걷자니 발걸음이 멈추어지는 것은 노랗게 피어 있는 개나리꽃이 가지런히 땅 위에 곱게 떨어져 있기 때문이었다. 소월의 〈진달래꽃〉이란 시가 떠올랐다.

나 보기가 역겨워 가실 때에는
말없이 고이 보내 드리오리다.
영변(寧邊)에 약산(藥山) 진달래꽃
아름 따다 가실 길에 뿌리오리다.
가시는 걸음걸음 놓인 그 꽃을
사뿐히 즈려밟고 가시옵소서.

그 꽃길을 걸으며 떨어진 개나리꽃을 한 줌 주워 살펴보니 뾰족한 모습이 영락없는 병아리의 입이다.

녹음이 짙어 가는 들길을 걸으니 도랑으로 흐르는 물소리가 들리고 흙 냄새가 짙게 풍겼다. 힘없이 걸어오는 어느 여학생과 스치게 되었다. 나의 25년 전을 뒤돌아보았다. 저 여학생은 무슨 사색에 깊이 빠져 있는 걸까? 아님, 말 못한 고민이라도 있는 걸까?

그러다 여럿이서 짝을 지어 걸어오며 재잘대는 여학생들을 만나게 되니 또 한번 내 중·고등학교 시절이 주마등처럼 스쳐지나갔다. 나도 몰래 즐거운 마음으로 바뀌었다. 그땐 바람만 불어도 쓸쓸했고, 말

똥만 보아도 괜히 웃음을 터뜨렸던 기억이 새롭다.

난 오늘 산책을 하면서 스치고 지나갔던 사람들을 떠올리며 아득히 멀어져간 지난날의 추억을 꺼내어보면서 즐거움을 만끽했다. 꽃향기 가득한 공원을 걸으면서 25년 전 추억을 찾았고 진한 그리움을 가슴에 담았다.

바라보는 즐거움

이 세상에는 꽃의 종류가 100여 가지로 다양하기도 하다.

한 가지 꽃만 해도 50여 종에 이른다고 하니 이 땅이 바로 꽃 천국이 아니고 무엇이겠는가. 꽃들의 크기도 다양하지만 색깔이며 향기도 다르니 마치 인간들의 모습이 비슷한 것 같지만 얼굴 모양과 생김새가 다르고 성향이 다르며 추구하는 사상이 다름과 같은 것이 아닐까?

요즘 시대는 좋은 시대라는 생각이 든다. 왜냐하면 '생각하는 대로'라는 선전의 글귀처럼 생각하는 대로 내가 얻고자 하는 것(의식주)을 포함해서 노력의 대가가 주어지는 일들이 많은 까닭이다.

예전 같으면 꽃을 볼 수 있는 계절도 한정되어 있었다. 이른 봄부터 늦은 가을까지. 그러나 요즘은 그렇지 않다. 하우스 재배로 말미암아 사계절 내내 보고 싶은 꽃들을 볼 수도 있고, 살 수도 있으니 우리는 행복한 삶을 살아가는 시대라고 말하고 싶다.

겨울에서 봄이 오는 길목. 예전 같으면 봄을 알리는 꽃이 매화, 동백 순으로 시작되겠지만 지금은 언제든지 꽃가게엔 장미, 안개초, 프리지아, 수선화, 히아신스, 군자란, 연산홍 등 예쁜 꽃들로 넘쳐나고 있다. 그러니, 한겨울에도 원한다면 예쁜 꽃으로 얼마든지 분위기를 연출하기도 하고 꽃으로 얼마든지 고마운 이들에게 마음을 전할 수 있다.

얼마 전 직원들의 인사이동으로 인해서 꽃들을 주고받는 모습을 볼 수 있었다. 서양난과 동양난 선인장 등 꽃 종류도 다양하지만 그 중에서 마음이 가는 꽃은 역시 동양난이었다.

한때는 난을 즐겨 길렀지만 지금은 기르기 편하고 늘 푸르고 싱그런 녹색식물과 꽃나무들을 더 좋아한다.

서양난은 늘씬한 구두신에 화려함이 베어 있는 서양여성으로 비유를 한다면 동양난은 가느다란 줄기가 애처로워서 연민의 정을 느끼지 않을 수가 없다.

마치 순박한 소녀 같기도 하고 앙증맞고 날렵한 몸매에서 은근한 매력이 느껴져서 마음이 가는 것은 어쩔 수가 없다. 춘란과 한란을 통해서 느끼는 곡선은 아름다운 한옥의 기와지붕의 추녀와 한복 윗저고리의 동정과 깃, 소매배래선과 옷고름, 치마폭의 간결하면서도 야무진 자태를 생각하게 한다.

꽃은 또 어떠한가. 아기자기한 꽃망울들이 줄줄이 새끼를 꼬아 올린 것처럼 매달려 있는가 하면 꽃대와 잎줄기 색이 크게 다르지 않아 쉽게 눈에 띄지 않지만, 아침이슬을 머금은 듯한 이슬이며 아름다움이 톡 톡 터질 것 같은 은은한 향내라니. 동양의 미풍양속을 닮아 성스럽다고까지 표현할 정도이니 우리네의 美가 얼마나 아름답기에 가정의 幸福을 지켜준다는 설이 있을까.

직장생활을 하는 나에게도 몇 년 전 인사이동 때 동료들이 전해준 난이 몇 촉 있다. 그 난은 매년 예쁜 꽃으로 선물한 이들의 마음을 전해 주는 양 곱게 피어서 감사한 마음을 갖기에 부족함이 없었다. 하지만 어느 때부터인지 다른 일에 바쁘다는 핑계로 관리를 소홀히 하게 되었다.

그러자 그 난들도 주인의 마음을 알기라도 하는 양 차츰 초라한 모습으로 변해갔다. 그 모습이 그리 좋아 보이지 않아서 베란다 맨 뒤쪽에 세워두었다. 입춘도 지나고 봄을 맞이해야겠다는 마음으로 주말 베란다 정리에 나섰다. 꽃나무들을 전지가위로 잘라내기도 하고 누렇게 뜬 잎을 떼어내기도 하며 정리를 하는데 마른 잎새 틈새에서 가느다랗고 샛노란 줄기를 뽑어 올리는 게 아닌가. 반갑기도 하고 미안하기도 한 마음으로 화분을 닦고 잎새도 깨끗이 닦아 거실로 옮겼다. 제법 튼실하게 줄기를 뽑아 올렸고 며칠 사이 봄의 전령사처럼 살포시 꽃망울을 터뜨리기 시작했다.

마른 잎 틈새에서 의연하게 피어 올리는 꽃대에서 삶의 의미와 도전을 배운다. 난은 언제나 변함이 없었지만 나는 때때로 그 난에 지루함을 느꼈고 관심 밖으로 내몰았으며, 삶 가운데서 희망을 잃어버릴 때도 많이 있었다.

난을 통해서 봄이 가까이 왔음을 다시 한번 깨닫는다. 난은 오묘한 꽃을 피워내기 위해 추운 겨울 베란다에서 자기 자신과 싸웠으며, 누구 하나 마음과 눈길을 주지 않았지만 제구실을 다한 난 앞에서 부끄러워진다.

난은 고통과 인내로 꽃을 피우며, 피워낸 꽃을 통해 향기를 만들어내고, 그 향으로 한 가정을 훈훈하게 한다. 말없는 생물에서 삶의 인내를 배우며 곱게 피어나는 난을 보면서 나다니엘 호손(Nathaniel Hawthorne)의 소설 〈큰 바위 얼굴〉을 생각한다.

내가 지향하는 삶, 그저 바라보기만 해도 덕德이 되고 기쁨이 되는 삶, 그저 편안히 말을 걸고 싶고, 함께하고 싶고, 닮고 싶은 사람이 되는 것, 오늘 난향을 통해서 다시 한번 자신의 삶을 돌아본다.

그윽한 향기를 뿜는 큰 바위 얼굴의 삶, 시끄럽고 요란한 세상이지만 조용한 삶 가운데서, 기도하고 인내하며 도전하는 삶, 그저 가만히 있기만 해도 덕이 되는 삶, 낮은 자세로, 타인에게 귀감이 되며 은은하고 깊이 있는 향기를 발하는 삶을 살라는 메시지를 듣는 양 싶다.

봄의 향기

나는 겨울을 좋아한다. 그것은 봄을 사랑하기 때문이다. 눈이 내린 다음 빙판 위로 자동차가 달리는 것을 좋아해서가 아니다. 겨울이 짙어지면 봄이 그만큼 가까워지기 때문에 겨울이 좋은 것이다. 일년 중에서 제일 좋아하는 계절은 가을이다. 그러나 기다려지는 계절은 가을이 아니고 봄이다.

봄을 기다리는 것은 꽃이 피는 까닭이다. 나는 꽃을 사랑한다. 겨울 온실 속에서 계절 없이 피어 있는 꽃도 사랑하지만, 영하 15도의 혹한 속에서도 꿈을 키워가며 봄을 기다리는 야생화는 나를 더욱 감동시킨다.

바쁜 마음으로 잔설 속에서 피어나는 매화! 붉게 피어나는 동백! 그리고, 꽃잎을 먼저 피우는 백목련과 자목련을 사랑하고, 라일락 향기를 사랑하며, 산도화와 배꽃도 무척이나 사랑한다. 들녘에 피어나는 민들레꽃을 사랑하고 오랑캐꽃을 좋아한다. 나는 여인 중에서 '델라'를 사랑하고 '오필리아'를 좋아한다. 그들은 모두 봄에 피어나는 꽃 같기 때문이다.

창문으로 스며드는 따사로운 햇살이 하품과 졸음을 불러온다. 오랜만에 나로 하여금 길게 기지개를 켜게 하는 햇살이 정겹다. 응달 골짜기에 희끗희끗 남아 있던 눈이 봄비로 깨끗이 녹아내리고, 쥐불을 놓은 언덕 위에서 피어나는 파르라니 솟아나는 쑥이 귀엽다.

아름답게 피어오르는 아지랑이, 개울가에서 솜털처럼 피어나는 버들강아지, 밭에 돋아난 새파란 보리의 새순이 정겹다. 시장 노점상들이 좌판에 펼쳐놓은 냉이와 달래는 봄이 왔음을 알려주는 전령사다. 어느덧 봄은 우리 곁에 가깝게 다가와 있다. 새벽을 알리는 새들의 재잘거리는 소리가 정답고, 저녁 햇살이 길게 그림자를 드리우는 봄은 싱그러운 계절이다.

언제 봄이 성큼 찾아왔는지 베란다 화분에도 연록색 풀이 자라고 있다. 두 그루의 철쭉이 번갈아 가며 꽃을 피운다.

새파란 군자란에 꽃대가 여러 개 올라오고 있는 것은 즐거운 봄소식을 알리려는 몸짓이다.

겨우내 쌓였던 먼지를 털어내고, 베란다 창을 신문지로 닦고 광택제를 뿌리며 맑아지는 유리창에 얼굴을 몇 번이고 비추어 보기도 한다.

벌써 새 학년 새 학기를 기다리는 작은아이가 봄맞이 청소를 마치니 기분이 좋다며, 여러 가지 저녁 찬거리를 주문한다. 큰아이는 기분을 즐겁게 해주는 것은 역시 음악뿐이라면서 비발디의 사계 중 봄을 찾아 볼륨을 높인다.

이번 주말 저녁 식탁은 봄을 느낄 수 있도록 상큼한 봄나물 무침과 쑥국을 끓여 오붓한 봄을 즐겨야겠다.

봄이 오는 길

봄을 재촉하는지 물안개가 자욱하다. 산자락에서 몽실몽실 피어오르는 물안개는 한 폭의 동양화처럼 정겹다.

공휴일을 맞아 봄이 오는 길목을 찾아나섰다. 남편과 함께 승용차를 타고 임실 신평 쪽으로 떠났다. 버드나무 가지에도 연록빛이 감돌고, 목련꽃나무에도 움이 트고 있으며, 숲속에서는 종달새와 이름 모를 새들이 재잘거린다. 졸졸 흐르는 시냇물 소리가 유난히 청아하다. 봄의 교향악이 울려 퍼지는 듯하다. 잠시 자연의 소리에 젖어 휴식을 취할 수 있는 여유를 누리고 있다. 이것은 신의 은총이다.

벌써부터 들녘에는 밭갈이가 시작되고 있다. 송아지가 어미소를 뒤따라가고, 땅을 갈아엎는 쟁기질이 한창이다. 이랴! 이랴! 소를 모는 농부의 목소리도 힘차다. 어미소의 방울소리가 더욱 크게 들리는 시골의 정겨운 풍경이다. 얼마 만에 들어보는 정다운 소리인가?

비닐하우스에서는 담배모종을 가꾸는 농촌 아낙들의 일손이 바쁘고 간헐적으로 여인네들의 해맑은 웃음소리가 들녘으로 퍼진다. 그들의 웃음소리에서 기쁨과 소망이라는 희망의 씨앗 하나를 건져올려본다. 바로 이런 삶의 모습에서 사람 사는 재미를 느낀다. 내가 가끔 이곳을 찾는 이유는 남편의 고향이기도 하지만, 전형적인 농촌의 춘하추동 네 계절을 만날 수가 있기 때문이다.

봄이면 햇살이 따사롭다. 양지녘에 핀 보랏빛 제비꽃이 귀엽고, 할미꽃의 전설을 기억하면서 돌아가신 할머니를 떠올려보기도 한다. 노오란 양지꽃과 분홍빛 자운영꽃이 흐드러지게 피어나는 날이면 앞산 뒷산에서 풀을 뜯는 염소 떼를 만날 수 있고, 낮은 산자락에 지천으로 피어 있는 원추리꽃과 밀린 대화를 나누는 일도 즐겁다. 멋진 시골풍경이다. 겹겹이 둘러싸인 산들이 마치 포근한 어머니의 품과도 같다. 봄의 언덕배기에서는 풀꽃향기가 진하게 묻어난다. 우리는 신선이 된 듯한 착각에 빠진다.

녹음이 짙어지는 5월엔 굽이굽이 돌고 돌아오는 길목에서 쏟아져 나오는 아까시아 향에 취할 수도 있고, 그 향기에 취해 저절로 함박꽃 같은 웃음을 터뜨릴 수 있는 것도 흥겨운 일이다. 환희와 기쁨이 넘치는 순간이다. 새하얀 찔레꽃과 싸리꽃이 활짝 피어날 때면 멋진 한 폭의 수채화처럼 아름다워 그림으로 그려두고 싶기도 하다.

지난 여름에도 폐교된 학교에 마련된 오공리 미술촌에서 화가들의 그림을 감상하기도 했다. 아름다운 그림을 그리는 화가들을 만날 때마다, 미술작품을 감상하게 될 때마다 늘 감탄사를 연발하곤 한다. 그날도 조각 작품을 둘러본 다음 가지고 간 음식을 먹으며 시원한 산바람과 강바람을 맞으니 심신이 상쾌했다. 청량음료를 마신 것보다도 더 유쾌한 기분과 즐거움을 느낄 수가 있었다.

오늘은 3 · 1절.

대한독립을 맞이한 지가 어느덧 85돌이다. 이 나라 이 겨레를 사랑한 순국선열들이 있었기에 오늘날 우리가 멋과 맛을 즐기면서 평화롭게 살고 있지 않은가? 그분들의 넋을 위로하며 이 나라를 짊어지고 나갈 후손들을 위해서 더 많은 기도를 해야 하려니 싶다.

오늘도 봄이 오는 길목에서 자연을 벗삼아 길 따라 물 따라 고향길을 달린다. 조국을 위해서 목숨을 바친 순국선열들에게 마음속에서 우러나온 묵념을 올린다. 차창 밖의 자연은 봄의 축제를 준비하느라 분주한 모습이다. 봄을 재촉하는 소리가 귀에 잡히는 성싶다. 수런대는 아름다운 자연의 숨소리를 들으며, 봄이 오는 길을 달리고 또 달린다.

빈손의 미학

가을 나들이를 떠났다. 가을이면 언제 어디서나 손쉽게 볼 수 있는 꽃들은 코스모스, 국화, 구절초, 서광, 맨드라미 등이다. 2003년 올해엔 전국체전을 앞두고 꽃길 조성이 잘 되어 우리 고장의 도로변에서는 갖가지 꽃들을 만날 수 있어서 좋다.

그 아름다운 꽃길과 풍요로운 황금물결이 출렁이는 들녘이 가을의 멋과 낭만을 마음껏 풀어놓고 있다. 올 여름은 비 피해로 흉년이라지만 우리 고장은 그다지 심하지 않아서 다행이다. 곱게 익어가는 석류와 감, 모과, 사과 등을 바라보며 가을을 즐길 수 있음이 행복하다.

수력발전소가 있는 칠보를 거쳐 전남 담양 추월산 공원 진입로에 들어서니 빽빽이 들어찬 소나무들이 우리를 반겨 맞아주었다. 하늘이 보이지 않을 정도로 잘 조성된 소나무숲 공원이었다. 공원 벤치에 앉아있노라니 솔 향내가 코를 파고들었다. 그 향기를 가슴 깊이 흠뻑 들이마셨다. 이남심 님의 ≪솔바람물결소리≫라는 책이 생각나고 솔바람과 솔 향기에 시심이 솟았다.

이 가을에 아름답게 물들기 시작하는 단풍나무, 억새, 과일나무를 보면서 잠시 생각에 잠겼다. 이 아름다운 자연은 신이 인간에게 준 선물이 아닌가. 그러나 이 신의 선물을 훼손하는 이들이 있어 안타까웠다.

아무렇게나 버려지는 휴지, 꽃을 비켜갈 수도 있으련만 밟고 지나가거나 꺾어 간 흔적이 눈에 띄었다. 내 눈에 아름다운 것은 남의 눈에도 아름다워 보일 텐데…. 아름다운 것을 다 갖고 싶어하는 인간의 소유욕이 빚은 결과이려니 싶다. 꽃 한 포기, 나무 한 그루도 신이 생명을 부여한 것이거늘 그 꽃의 비명이 들리지 않은 것일까.

인간이 무엇을 소유하는 순간, 오히려 그는 집착에 빠지게 된다. 재물, 명예, 권력 등을 소유하면 그 순간부터 그것의 노예가 되고 만다. 거울은 모든 사물을 비추지만 그 어느 것도 소유하지 않는다. 왔다가 떠나면 그뿐, 연연해 하지 않는다. 간직하지도 얽매이지도 않으므로 거울은 언제나 자유롭다. 이러한 거울은 우리에게 바른 삶의 모습을 제시한다.

재물에 대한 욕심 때문에 패가망신을 하는 경우가 더러 있다. 우리 주위에는 조금 더 많이 가지려다 오히려 가지고 있는 것마저 모두 잃는 경우가 있다. 인간이 소유욕에 사로잡히면 추해진다. 자족할 줄 알아야 한다. 많이 쌓아두기보다는 먼저 베풀 수 있는 도량을 지녀야 하리라. 베풂은 인간의 가장 아름다운 덕성이 아니던가.

사람이 만족을 얻기란 쉬운 일이 아니다. 오죽하면 아홉을 가진 사람이 하나를 가진 사람으로부터 그 하나를 빼앗아 열을 채우려 할 것인가. 아수라장 같은 삶의 현장에서 잠시 눈을 돌려 한 그루의 과일나무와 황금물결을 이루는 들녘을 바라볼 일이다.

가을 과일나무는 주렁주렁 많은 열매를 달고 있지만 때가 되면 그 모든 결실을 아낌없이 인간과 대지에게 되돌려주고 빈손으로 돌아간다. 나무는 자기의 열매라 해서 절대로 끝까지 자신이 소유하려고 하지 않는다. 내어줄 것 다 내어주는 넉넉한 가을은 다시 자기를 비우고 삶의 지평을 넓혀갈 뿐이다. 자기의 공을 내세우지도 않고, 겨우내 추위와 싸우면서도 새봄을 준비한다. 어떠한 경우에도 가을 들녘과 모든 과일나무들은 소유와 집착에 연연해 하지 않음을 볼 수 있다. 빈손의 미학을 몸으로 우리에게 보여준다.

가을 나들이에서 나는 또 잊고 살던 깨달음 하나를 얻었다. 무언으로 나를 일깨워준 가을 들녘은 잘 가라고 나에게 손을 흔들고 있었다.

– 『문예연구』 등단작품, 『도민일보』 게재(2003. 9.)

가을에 피는 억새

바람이 불어오면 무리 속에서 사그락 사그락 들리는 이야기가 있다.

모두가 떠나고 없는 자리 멀리 논둑 한 자락에서, 또는 잎진 풀숲 속에서 하얗게 손끝을 세우고 바람을 따라 일렁이는 꽃! 그들은 언제나 빈 들녘에서 행인을 부른다.

누군가를 유혹하려는 듯 길 가는 사람의 마음을 뒤흔들어 놓고 순결한 모습의 춤사위를 펼치는 유희의 군락이다. 억새는 가을의 동산을 지키기 위해 피어난다. 먼 산에 단풍이 들고 가로수 잎이 하나 둘 떨어지기 시작하면 기다리기라도 한 듯 멀쑥한 키를 앞세우고 조용한 축제를 벌이는 우아함이 억새의 참모습이다.

11월의 제주는 하얀 융단으로 치장되어 있는 섬이었다. 산굼부리로 가던 야산 일대에서 여행객들을 영웅시 해주던 환호의 손들을 나는 잊지 못한다. 언제였던가. '미인회'(여직원모임)라는 이름으로 만남과 희망, 사랑을 상기시켜 주던 마음 밭을 고스란히 간직하고 있어서 몇 년이 지난 그날의 억새는 지금까지도 내 가슴속에 아름다운 추억을 안겨 주고 있다. 억새는 바람의 혼을 키우며 산다.

바람에 의해 흔들리지 않고는 그 꽃의 아름다움은 빛이 나지 않는다. 그러므로 갈대에는 바람의 의지와 바람의 꿈과 바람의 생명이 담겨 있다. 그래서 그 바람에 의해 쓰러지거나 꺾이지 않는다. 그들은 바람이 불면 부는 대로 방향을 찾아 자신들을 겸손하게 낮추기만 한다.

미지의 회랑을 끝없이 맴돌다 와도 꿋꿋이 제자리를 찾아 일어설 수 있는 모습이 의연하다. 갈대는 그리움을 안고 피어나는 듯하다. 물빛으로 감도는 하늘을 바라보며 고운 심성을 키우려고 긴 목을 빼고 하늘로 초점을 모으는 모습이 아련하다. 앞서 간 계절의 정한을 잊지 못해 애절한 노래를 부르는 듯 별리의 몸을 추스린 모습이 가련하다고나 할까. 그러나 학의 날개처럼 고고함을 그리는 백의의 자락이 눈부시다.

그의 깃 속엔 찬란하면서도 고요하고 가벼운 것 같으면서도 무게 있는 지난 추억이 깃들어 있다. 그러나 하늘을 바라보는 슬픈 눈빛. 그것은 그리움의 표상이 아닐까.

억새는 속살을 태우며 홀로 영그는 꽃이다. 망부의 한을 달래듯 절대 고독을 감수하며 고향의 하늘을 지키는 성숙함이 돋보인다. 산속에서, 들녘에서, 논둑 어귀에서 하얗게 소복을 하고 열정을 감춘 채

말없이 드높은 위상을 펼쳐낸다.

그러므로 제 영역 안에서 제 경계를 뛰어넘지 않는 법도와 순열을 지키며 참자유를 누린다. 그 꽃은 걸림이 없다. 어디로든 떠돌아다니다 정착하게 되면 그곳에 뿌리를 내리는 토착민처럼 제2의 인생을 새로운 대지 위에 펼치게 된다. 그는 혼자이기보다 많은 무리 속에 살아가길 좋아하며 대중 속에 어우러져 돋보이지도 처지지도 않는 범주를 지켜가며 소박하고 진실하게 살아가는 것이다.

가을이 되면 나는 호젓한 들길 걷기를 좋아한다. 가을 들녘은 떠나가면서 다시 올 것을 약속하고 비워가면서 가득히 채워줄 것을 예약하고 있다. 모든 욕심을 버리면 세상은 아름다운 것으로 넘치게 된다는 성경의 진리가 말없이 펼쳐져 있다. 유한에서 무한을 꿈꾸는 이들에게 영원한 절대자와의 합일을 이룰 듯 황홀하게 다가오는 것이다. 그래서 햇억새를 항아리에 꽂을 때면 가족들 눈에 잘 보이는 현관 앞을 택하게 된다.

새눈을 닮은 까치밥과 찔레꽃 열미를 곁들여 꽂으면 그들 가슴에도 가을이 물씬 살아날 것을 생각하기 때문이다.

해묵은 억새를 교체하는 일은 마치 새 사람을 들이는 행사처럼 가슴을 설레게 한다. 그러면 어느덧 내 가슴에도 지난날에 대한 사랑의 엘레지를 부를 수 있는 여유가 생긴다.

나는 한평생을 억새와 함께 살아왔다고 해도 과언이 아니다. 그 까닭은 산골에서 자라난 탓이다. 어린 시절 뛰어놀면서 함께했던 환경이었고, 가을이면 어느 곳이나 무더기로 피어 있는 꽃이었다. 모든 환경이 감추어진 들녘엔 오롯이 그들만이 있었다.

그들과 함께 하면서 쌓은 정이 두터워졌다기보다 깊어 지금도 가을이 되면 남편과 함께 임실, 장수, 진안 쪽으로 휙 한번씩 돌아보게 된다. 말없는 나를 간간이 데리고 나가고 은근히 글감이 되기를 바라는 남편에게 말은 않지만 고마움을 느낀다.

올 추석명절에도 시어머니 산소를 가려고 오수 들녘을 지나게 되었다. 각양각색의 허수아비들이 예쁘게 단장하고 즐비하게 서 있는 모습이 반가워서

"어머, 허수아비네."

얼마 만에 보는 허수아빈가. 어쩜 누가 저렇게도 정성스럽게 만들었을까 라고 했더니 무심한 것 같았던 남편 왈, "우리 고향 사람들이, 고향을 찾는 이들을 위해서 만들어 놓았을 거야."고 한다. 괜히 하는 소리다 싶었지만 사람의 모습을 본떠서 만들어 세운 모습이 경이로움을 주었고 그들의 정성 또한 대단했다. 가을이면 여기저기에서 펼쳐지는 이벤트가 우리 모두에게 옛 모습을 생각해 보게 하고 잠깐이지만 마음에 휴식을 주는 그 마음에 감사와 정이 넘쳐났다.

이처럼 가을이면 빼놓을 수 없는 것 중 하나, 억새와 갈대가 아닐 수 없다. 난 갈대와 억새를 무척이나 좋아한다. 그래서 그들의 모습을 보면 영화의 한 장면이 생각나고 마음으로 나도 영화배우가 되어보기도 하며 그들을 꺾어오게 된다.

억새가 꽂힌 방에 있으면 불지 않는 바람도 느낄 수 있다. 그리고 그리운 사람이 멀리 있다 해도 그들과 함께 할 수 있다. 항아리에 꽂힌 갈대는 세파의 흔들림 속에서도 강인한 정신과 애틋한 사랑, 미래에 대한 열정과 소망으로 끝없이 배움의 길을 향해 도전하라고 한다.

그래서 일 년 내내 그와 함께 미래에 대한 열정과 소망을 꿈꾸게 되는지도 모르겠다.

햇억새가 꽃히는 날은 그의 영혼이 부화하는 날이고, 햇갈대가 꽃히는 날은 내 삶에 새로운 기쁨이 충만하는 날이기도 하다.

—2008.12. 인천북구청 문화재단 전국응모 우수상 수상, 방통대 『가람』 18호 게재.

아름다운 4월

저벅저벅 다가서는 부드러운 봄의 발자국 소리와 수런수런 봄을 재촉하는 소리가 귀에 잡힌다. 나는 온몸으로 그 소리를 들으며 내가 살아있음을 확인한다. 나는 지금 자연과 더불어 호흡을 하고 있다.

목련꽃이 흐드러지게 피고, 엊그제 내린 비로 인해서 매화가 꽃망울을 터뜨린다. 줄지어서 앵두꽃, 노오란 산수유와 개나리꽃, 연분홍의 진달래꽃, 자줏빛의 자목련 등 온갖 꽃들이 한껏 멋스러운 자태를 뽐내고 있다. 그 꽃들이 햇빛 찬란한 들녘과 화단에 아름다운 향기를 내뿜는 4월이다.

심산유곡에서도 피고 지는 꽃을 보고 있으면 알 수 없는 기쁨과 외로움을 느낀다. 마치 수풀과 정갈한 바위틈에서 샘물이 괴듯이 정갈한 고독이 가슴속에서 솟아난다. 이렇게 꽃이 지천으로 피어 아름다운 4월을 T.S 엘리엇은 잔인한 달이라 노래했다.

"언 땅에서 새싹을 움트게 하고……."

왜 그 시인은 하필이면 4월을 잔인한 달이라 했을까?

4월이면 여기저기 꽃들의 축제가 열린다. 남쪽으로부터 불어오는 꽃들의 향연이 날 유혹한다.

매화꽃축제, 산수유꽃축제, 벚꽃축제, 지리산 바래봉의 철쭉꽃축제 등 다양한 꽃축제가 진행되어 아름다움의 극치를 이룬다.

이처럼 다투어 피는 꽃들 중에서 벚꽃처럼 화려하고 수줍은 꽃이 또 있을까? 오랜 기다림에 지친듯 잎보다 꽃이 먼저 피기 시작하는 이 꽃은 한번 피기 시작하면 아우성처럼 일어나 온 산야를 하얗게 물들인다. 그 자태는 연분홍 한복을 차려입은 새색시처럼 곱고 탐스럽다.

전주에서도 동물원 벚꽃과 송광사 벚꽃, 전주군산 간 도로에서 벚꽃축제가 이루어진다. 지금 덕진구청 앞에서도 벚꽃축제가 한창이다. 며칠 전부터 하나둘 꽃망울을 터뜨리는가 싶더니, 어제 오후부터 너도나도 활짝 꽃망울을 터뜨렸다. 마침내 벚꽃이 흐드러지게 피었다. 꽃을 사랑하는 남녀노소들이 찾아와 벤치에 앉아 즐기고 있다. 상춘객들은 서로 담소도 나누고 차도 마시며 사진촬영도 한다. 그 모습이 여간 보기 좋은 게 아니다. 모두들 벚꽃으로 인해서 함박웃음을 지으며 가슴 가득 행복을 담느라 바쁘다.

몇 년 전 가족과 함께 송광사 벚꽃 구경을 다녀온 일이 있다. 그때에도 그곳은 인산인해를 이루었다. 소란스러울 정도로 주변이 번거로웠다. 그러나 벚꽃이 너무 아름다워 사진촬영을 하는 도중 작은아이는 다른 쪽 길로 걸어갔던 모양이다. 아무리 찾아보았지만 헛수고였다.

남편은 작은아이가 연락이 올 거라며 집으로 돌아가자고 해서 주차장에 갔더니, 아이가 그곳에 있는 것이 아닌가? 그때 그 아이와의 만남은 이산가족의 상봉 못지않은 기쁨이었다. 어쩌다 헤어졌지만 찾을 수가 없어서 언젠가는 주차장에 올 거라는 생각이 들어서 그곳에서 기다렸단다. 그 아이도 잠깐이지만 얼마나 두렵고 걱정이 되었을까? 항상 벚꽃이 피는 4월이면 그 추억이 떠오르곤 한다.

벚꽃이 일본의 국화國花라고 해서 미워한 적도 있었다. 그러나 꽃이 무슨 잘못이랴. 나는 지금 벚꽃을 사랑한다. 벚꽃은 며칠 사이에 홑꽃과 겹꽃이 활짝 핀다. 화끈하다. 연분홍색으로 곱게 물든 덕진구청은 꽃동네로 바뀌었다.

비가 내리면 꽃비가 되고, 꽃잎들은 두둥실 도랑물을 타고 흘러간다. 바람이 불어 꽃잎이 질 때면 하얀 눈발을 연상하리 만큼 멋진 분위기를 자아낸다. 벚꽃은 한순간에 피어 바람처럼 흩날리며 장렬하게 산화하기 때문에 비장미를 갖춘 꽃이라는 생각이 든다.

밤에 등불에 비친 벚꽃의 아름다움은 정말 혼자 보기 아깝다. 꽃과 등불이 황홀할 만큼 멋진 장면을 연출해낸다.

"4월은 꽃의 달이다. 눈물겹도록 아름다운 꽃의 달이다. 세상에서 꽃보다 더 아름답게 왔다가 황홀하게 지는 목숨도 드물 것이다."

유안진 님의 수필 〈지란지교를 꿈꾸며〉 한 구절을 되뇌어보며 흐드러지게 핀 화려한 꽃길을 거닐어 보는 것도 즐거운 일이다.

일출과 일몰

메일 메일 떠오르는 태양이지만, 새해 아침이면 맨 먼저 떠오르는 태양을 보려고 너도나도 수선을 떤다.

어린 시절, 새해가 되면 어머니께서는 목욕재계를 하신 뒤 정화수를 떠놓고 우리 형제들을 위해 간절한 마음으로 소원을 비셨다. 그런 모습을 보고 자란 탓인지 매년 첫해의 일출 보기를 좋아했다. 떠오르는 태양을 보고 소원을 빌면 그 소원이 꼭 이루어질 것 같아서 떠오르는 태양을 보며 간절한 기도를 했던 기억이 새롭다.

철이 들수록 우리의 꿈은 구체적으로 목표가 설정되어야 했으며 목표를 위해서 해야 하는 일이 많아졌다. 그래서 새해 첫날 일출 보기를 좋아했는지도 모른다. 간절히 원하면 꿈이 이루어진다 했던가? 결혼 후 1998년 새해 첫날에는 교회에서 송구영신 예배를 마치고 교우들과 함께 전남 해남 땅끝마을을 찾아갔다.

이른 아침 땅끝마을에서 황홀한 아침을 맞았다. 바다 위에서 불끈 솟아오르는 태양은 바다 속에서 솟아오른 것인지 지평선 위에서 떠오른 것인지 눈부셨다. 순간적으로 해는 떠올랐다. 모두들 환호와 박수를 보냈다. 그 순간을 영원히 잊을 수가 없다.

그 후 2002년 새해 첫날에도 모악산에 올라 산 위에서 부챗살처럼 피어오르는 아침 해를 볼 수가 있었다. 강렬한 태양빛이 어둠을 가르는 순간은 환희였다.

어둠을 물리치고 떠오르는 태양의 위력이 이렇게 고고하고 멋질 수 있을까? 하루의 삶을 열면서 어둠을 몰아내고 밝음을 선사하는 해에게는 많은 의미를 부여한다.

하루를 찬란하게 선사하는 태양도 하루의 삶을 마무리하는 시각이 있다. 그게 바로 일몰이다.

일몰! 일출 못지않게 아름다운 황혼을 남기면서 지는 풍경 또한 장관이다. 일몰의 아름다운 서쪽하늘은 늘 환상적인 황혼의 꿈이기에 그 또한 희망이다. 바다를 배경으로 지는 태양의 일몰 또한 형용할 수 없는 한 폭의 유화이다. 그 일출과 일몰은 뗄래야 뗄 수 없는 환상의 콤비이다. 이 세상은 어느 것 하나라도 사소한 것이 없으니 진한 애착을 갖지 않을 수 없다. 내가 살고 있는 세상이 이처럼 아름다운 것처럼 삶 또한 그러해야 하리라….

살아가는 동안 이 아름다운 세상을 어떻게 살아가야 하는지를 늘 생각한다.

동쪽 하늘을 붉게 물들이면서 뜨는 해나, 서쪽 하늘을 붉게 물들이면서 지는 해는 한 어머니의 뱃속에서 태어난 일란성 쌍둥이의 모습이다.

우리의 삶도 밝고 맑은 희망을 갖고 태어났던 것처럼, 어둠의 세상인 그늘진 곳, 습한 곳, 녹슬고 고장난 곳을 밝고 새롭게 정리하며 단장하면 좋겠다. 인생이 다하는 날까지, 멋진 노을처럼 아름답게 인생을 수놓으며 살아야 하는 게 우리의 관건이 아닐까?

우리네의 인생은 다양하다. 삶의 방법이 각자에게 다르게 주어져 있지만 늘 긍정적이고 한결같은 마음으로 밝고 맑게 살라는 하나님의 섭리가 함께 하는 것이 아닐까? 하루의 삶 속에서나마 하나님의 섭리를 체득해야 할 것 같다.

아름다운 마음으로 어려운 이웃을 위해서 나눔을 갖으며 헌신하는 삶! 그처럼 인생의 황혼이 우리의 생에 일몰로 다가서기 전에 보다 소중한 삶을 살아야 하는 것이 아닐까? 짧은 것 같지만 길고, 긴 것 같지만 짧은 게 인생이다.

어느 시인은 인생을 뒤돌아보며 "한나절" 이라 표현한 것처럼 떠오르는 태양이나 지는 해가 한결같이 눈부시게 동일한 아름다움을 지니는 것은 소중한 인생을 진정으로 값있게 살라는 신의 가르침이 아닐까 싶다.

3부

가슴에 품은 향기

간소하게 산다는 것
내가 그리고 싶은 그림
담쟁이덩굴
부부로 산다는 것
소풍이라는 이름으로
어머니의 서물
우렁각시
워낭소리
이 계절에 생각나는 맛
준비 없는 삶
천 원짜리 행복
흔적

간소하게 산다는 것

철이 바뀔 때마다 장롱에 있는 옷을 옮겨야 할 때면 나는 남편에게 한 마디씩 던진다. “여보 이 중에 올 가을에 한번도 안 입은 옷 많지? 안 입는 옷이 왜 이리 많은 거야. 입지 않을 옷이 있으면 버리든가? 아님 모아두었다가 미안마 그런 데로 보내면 어떨까?”

계절이 바뀔 때마다 아들 녀석들은 옷이 없다고 투정한다.

“옷이 없다니 없긴 왜 없어?” 그렇게 말하면 “입을 옷이 없어요.”라고 한다.

그 말은 제 맘에 드는 옷이 없다는 이야기인 셈이다.

비단, 우리 집만 그러는 것이 아니라고들 말하는 것을 보면 집집마다 안 입고 장롱 속에서 이리 뒹굴 저리 뒹굴, 입자니 그렇고, 안 입자니 아깝고, 그런 옷들이 많이 있다는 뜻이다. 언젠가 ‘책 책 책’ 프로그램인 〈느낌표〉에서 ≪혼자만 잘 살믄 무슨 재민겨≫의 저자 전우익 선생님이 TV에 나와서 하시는 말씀이 “우리나라 사람들은 죽어라고 일하고, 죽어라고 사들이고, 죽어라고 버린다.” 농사지으면서 살고 있는 당신도 신발이 여섯 켤레나 되고 바지를 이것저것 합치면 열 개나 된다면서 부끄러워 죽겠다고 했다.

우리들은 정작 사람과 사람에 대해서는 알지 못하면서 외투나 바지 등 옷에 대해서는 참 많이도 알고 있다는 것이다. 요즘 젊은이들은 각설이나 입고 다닐 법한 떨어진 바지를 유행이랍시고 입고 다니는 것을 보면서 유행이라는 것은 끝없이 욕망을 부추기는 소비심리임을 깨닫게 된다.

넘쳐나는 것은 옷만이 아니다. 매일매일 먹지 않고 버리는 음식은 또 얼마나 많은가. 나는 저녁 설거지를 끝내고 음식물쓰레기를 버리러 잔반통을 들고 나갈 때면 민망할 때가 많다. 다음에 먹을까 하고 두었으나 냉장고 청소를 하다가 결국은 버려야 하는 음식, 과일이며 밥, 김치까지 통째로 버리는 모습을 보며 스스로 낯이 붉어진다.

평소에도 밥 대신 먹는 것들이 많아서 쓰레기가 넘쳐나는데, 대형 마켓들이 늘어나면서 이제는 시장을 보면 양손 가득 몇 보따리씩 물건을 차에 싣고 오기도 하고 물건을 배달까지 해주니 말할 나위가 없게 된 까닭이다. 그 속에 한두 주일이 지나면 비닐봉지도 풀지 않고 버릴 것들이 많다.

그러나 이런 삶의 방식에 점점 길들여져 가는 우리들이 스스로에게 물어보아야 할 것이 있다. 넘치도록 풍족하게 먹고 마시고, 둘 데가 없을 정도로 많은 옷을 입고 사는 우리들의 삶은 과연 행복한가. 무엇인가 늘 부족하다고 느끼고 있지는 않은지, 그래도 어딘가 허전하고 늘 남들보다 무언가 뒤떨어지는 것 같고, 상대적인 결핍을 느끼지는 않는지. 더 많은 것을 갖고자 하고, 더 많은 것을 얻고자 끝없이 매달리는 삶에는 행복이란 없다고 하지 않던가. 적은 것으로 만족할 줄 모르는 사람에겐 행복이 찾아오지 않는다고 한다. 작은 것에도 기뻐하고 좀 천천히 가면서 감사할 줄 아는 사람에게만 행복이 찾아온다고 생각한다.

내가 아는 아파트의 노부부는 과거에 잘 나가는 건설회사 사장 부부였다고 한다.

그분의 자녀들은 내로라할 만한 직장에 "사"자가 들어가는 아들들이니 보내는 용돈이 얼마라지만 교회를 갈 때도 교회 차가 오기를 기다리고, 시장과 웬만한 거리는 부부가 걸어서 간다고 한다. 그 이유는 건강에도 좋고 나 한 사람만이라도 누군가에게 짐이 되지 않는 삶이어야 한다는 지론이다.

간소하게 산다는 것은 자기가 하고 싶은 일을 하되 낭비와 소비를 하지 않고 만족하는 삶이며, 행복은 풍요가 가져다주는 것이 아니라 만족할 줄 아는 마음에서 생긴다는 것을 그분들은 가르쳐주는 것 같다.

내가 그리고 싶은 그림

저녁 노을이 가늘게 한 줄기 빛으로 비쳐올 때면 모든 사물들은 긴 그림자를 드리운다.

그런 날 돼지머리와 막걸리를 사들고 우리는 전주 8경의 하나인 한벽루로 향했다. 뉘엿뉘엿 황혼이 지는 봄밤, 길가엔 노오란 개나리가 흐드러지게 피고, 남고사와 기린봉 산자락에는 연분홍빛 진달래, 복사꽃, 살구꽃이 만발하였다. 하얀 눈이 희끗희끗 쌓인 것같이 산벚꽃과 배꽃이 산자락을 덮고 군데군데 무리지어 예쁘게 피어 있다. 봄에만 볼 수 있는 아름다운 전주의 풍치이다.

며칠 전 직장 동료가 새 차를 샀다. 퇴근 후에 직원들과 고사를 지내기로 되어 있었다. 사무실 막내인 S가 돼지머리, 막걸리, 마른명태, 실타래 등을 준비했다. "祈願無事安轉"이라는 지방을 써서 차 머리에

붙인 뒤, 헤벌쭉 웃는 표정의 돼지머리를 차려놓고 고사를 지냈다.

막걸리를 한 잔씩 따라서 차 바퀴에 부어주며 무사안전을 빌었다. 새 차의 주인은 돼지머리 앞에 넓죽 엎드려 절을 두 번이나 했다. 그 순간, 우리 어머니의 옛 모습이 머릿속을 스쳐지나갔다.

나는 어린 시절부터 어머니가 새벽마다 그 무엇인가를 위해서 지극 정성으로 간절하게 기도하는 모습을 보며 자라왔다. 지성이면 감천이라던가. 그 덕분에 아무 탈 없이 유년의 강을 건너올 수 있었던 것 같다. 오늘 같은 이러한 고사가 과연 미신이라고 치부해야만 할까?

이처럼 유교사상이 강했던 가정에서 자라온 나는 '위계질서'나 '경로사상'을 당연한 것으로 여기며 살아왔다. 명절이나 제삿날이면 많은 음식을 장만하여 제사상을 차리고 정성껏 제사를 지내는 것을 보며 자랐다. 그래서 그런지 무사고를 기원하며 고사를 지내는 모습도 낯설지가 않았다.

고사가 끝나자 우리 모두는 함박웃음을 웃으며 뜨거운 박수를 보냈다. 새 차를 산 동료의 무사안전을 기원하면서….

오랜만에 전설 같은 기억을 되살리며 고사에 참석한 동료들끼리 잔을 주거니 받거니 고사 술을 마셨다. 돼지머리는 이 부분이 맛이 좋다면서 서로서로 안주를 챙겨주는 참으로 정겨운 풍경이었다. 동료애가 물씬 풍기는 듯했다. 설사 고사가 미신이면 어떠랴. 그런 핑계로 동료들끼리 모여 앉아 술잔을 주고받으며 동료애를 키우는 것도 나쁘지는 않으리라.

어두운 밤하늘에 별들이 하나둘 빛났다. 바람결에 전해져 오는 라일락꽃과 새하얀 싸리꽃의 향내가 코를 파고들었다. 고사에 참석한 동료들은 막걸리에 취하고 꽃향기에도 취했다. 전주 도심의 가로등 불빛이며 휘늘어진 버드나무 가지가 물속에 그림자로 비춰니 더 운치가 있었다. 금상첨화였다. 봄의 정취가 한결 더 무르녹고 봄밤의 풍경이 더욱 이채로웠다. 이런 분위기를 무릉도원이라 하면 실례일까?

이처럼 아름다운 풍경이 또 어디에 있을까? 이런 정경은 김홍도의 '논갈이'나 '나룻배'의 그림과 같았으며 바로 내가 그리고 싶은 한 폭의 그림이다. 이 모습을 보는 순간, 프랑스 파리의 세느강과 몽마르뜨 언덕이 떠올랐다. 고사 뒤끝의 분위기와 풍경은 세느강과 몽마르뜨 언덕보다 더욱 인간에 대한 우정이 아름답다는 생각이 들었다. 영원히 잊을 수 없는 아름다운 추억 한 장을 건져 올렸다.

담쟁이덩굴

여름으로 접어드는 새벽녘, 완산칠봉 산자락에서 날아오는 뻐꾸기와 소쩍새의 소리를 들으며 새벽기도로 하루를 연다. 이른 아침 아파트 주변을 걷노라면 푸른 잎새들 틈새에서 담쟁이덩굴을 만나게 된다.

올해도 어김없이 동네 원불교와 아파트 사이의 울타리를 온통 담쟁이덩굴이 뒤덮어버렸다. 그 녀석은 기댈 곳이 있으면 나무, 울타리 할것없이 어느 곳이나 기어오른다. 그래서 그런지 여름이면 녹색의 울타리를 만들어 싱그러움을 주기도 하고, 가을이면 아름다운 단풍벽을 만들어 한 폭의 그림처럼 감상에 젖게 하기도 한다.

오늘 아침 문득 오헨리의 단편소설에 나온 〈마지막잎새〉가 떠올랐다.

마지막 잎새의 줄거리는 어느 화가촌에 살던 존시가 그해 겨울에 유행하던 폐렴을 앓고 살려는 의지를 보이지 않은 채 창 밖의 잎만 보며 나날을 보내다, 마지막 잎새가 남게되자 그 마지막 잎마저 떨어지면 자신도 죽을 거라는 말을 친구 수우에게 하게 된다.

수우는 그 이야기를 그들의 밑층에 사는 화가 베어만 노인에게 말해주게 되고, 40년 동안 걸작을 남기지 못한 베어만 노인은 존시도 모르게 벽돌 담벽에 담쟁이 잎새 하나를 그려 존시가 매일 보는 그 창가에 놔두게 된다. 그리하여 세찬 비와 사나운 바람이 몰아쳐도 그 마지막 잎새가 떨어지지 않아 존시의 병세는 점점 차도를 보이게 된다.

하지만 베어만 노인이 이미 존시와 같은 폐렴에 걸려 죽었다는 소식을 의사로부터 전해 듣게 된다. 그날 오후, 수우는 존시에게 베어만 노인이 죽었다는 것을 알리며, 담장에 잎새가 떨어지지 않은 이유를 설명하게 된다.

이 이야기를 통해서 나는 아무리 어려운 역경이 닥쳐오더라도 포기하지 말고 끝까지 최선의 노력을 다해야 한다는 것을 깨달았다. 또 베어만 노인처럼 다른 사람을 위해 자신을 희생할 줄 아는 사람이 되는 것 또한 생에 있어서 멋진 일이라는 것도 다시 한번 되새겨볼 수 있었다. 나는 요즘 아침마다 담쟁이덩굴을 보면서 깊은 생각에 잠기곤 한다.

나는 요즘 공무원교육원에서 컴퓨터교육을 받고 있다. 점심식사 후 넓은 원내 이곳저곳을 동료와 산책하던 중 금잔디가 곱게 정리된 축구장 건너편의 담벽을 휘감고 있는 담쟁이덩굴을 만나게 되었다. 이

녀석에게 나는 은근한 매력을 느낀다. 메마른 삶 같은 벽을 기어오르는 담쟁이에게서 도전정신과 끈기를 배운다.

내가 인생의 강을 건너는 동안 때론 원치 않게 힘든 삶이 다가올 때마다 나는 담쟁이덩굴을 생각할 것이다. 어렵고 힘들게 성장한 담쟁이덩굴은 언제나 나에게 푸른 꿈과 용기를 주고 희망을 주며 매사에 도전할 수 있는 힘을 북돋아 준다.

부부로 산다는 것

주말이면 동네 뒷산을 오르내리며 계절의 변화를 느끼고 맑은 공기를 마시는 게 버릇이 되었다. 그런데 날씨가 점점 무더워지면서부터 산책 겸 가까운 시장을 둘러보는 데 재미를 붙이고 있다. 구경삼아 싼거리와 필요한 물건을 살 수도 있는 시장으로 발길을 돌렸다.

시장 이곳저곳을 돌아다니면서 소박하게 살아가는 사람들의 삶을 만날 수 있고, 전통적인 삶과 현대문명을 동시에 접할 수 있어 어린 시절 시골의 5일장을 떠올리기에 좋았다.

오늘도 노랗게 익은 살구와 시큼하면서도 달콤한 빨간 자두에서 계절의 감각을 진하게 느낄 수 있었다. 그렇게 시장을 두루 둘러보면 항상 양쪽 손에는 시장에서 산 물건들이 들려 있기 마련이다.

오늘은 대파 1단, 고구마순, 감자, 양파, 튀김이 들려져 있다. 대파는 다발 그대로 베란다 큰 화분에 묻어 놓고, 양파와 감자는 냉장고 아래 칸이나 다용도실에 보관한다. 대파는 식사준비 때마다 된장찌개, 국, 무침, 조림 등의 양념으로 요긴하게 쓸 수 있어서 좋다. 대파는 음식의 맛과 멋을 내는데도 한몫하기 때문에 내가 즐겨 찾는 양념 중 하나이다.

그렇게 이것저것을 챙기면서 계절은 깊은 여름으로 바뀌었다. 주말에 베란다를 청소하면서 화분 정리를 하는 도중 몇 개 남지 않은 파를 발견하게 되었다. 그런데 파의 끝에 새하얀 모자처럼 꽃이 생긴 게 아닌가?

하얀 꽃을 피운 파를 뚝 잘라서 국에다 송송 썰어 넣어봤지만 물속에서 투명하게 되살아나고 뻣뻣해서 파 맛이 나지 않았다. 그래서 남은 몇 송이를 작은 화분에 다시 옮겨 심었다. 파가 파로서의 사명을 다한 것 같아 관상용으로나 보자는 심사였다. 그랬더니 파 옆에서 초록색 줄기가 새롭게 솟아오르기 시작했다.

며칠 사이에 씨앗이 여물게 되니 파는 꼬부라진 노인의 모습처럼 변하고 있었다. 창틀에 기대어 놓으니 그래도 파는 여전히 의연한 모습이었다.

뒤돌아보며 생각하고 후회하는 것은 인간만의 특성이지 싶다. 살아오면서 되풀이했던 어리석음과 오만을 뼈아프게 뉘우치고, 좋았던 시절을 떠올리며 그리워하는 게 인간의 참모습이다.

심란한 장마철 뿌려지는 빗줄기를 바라보며 슬며시 파에 눈길을 주었다. 파 한 대는 꽃을 피운 뒤 죽어가지만 종족을 번식하기 위해 작은 씨앗을 남기고 있었다. '아! 저것이 파의 일생이란 말인가? 파의

한평생이나 사람의 일생이 결국 같지 않은가?'

거실에서 신문을 펼쳐든 남편의 얼굴을 훔쳐보니 어느덧 두터워진 나이테가 눈에 잡힌다. 한때는 내 생각과 네 생각이 옳다고 옥신각신 했던 때가 참으로 많이도 있었다. 하지만, 이제 남편도 불혹의 나이를 떠나 지천명의 나이를 맞게 되었다.

내 생각이 옳으면 얼마나 옳고 네 생각이 틀리면 얼마 만큼이나 틀릴까? 그렇게 20여 년을 살다보니 서로의 생각을 맞출 수 있을 만큼 서로를 잘 아는 부부이자 친구처럼 되어가고 있다. 그러니까 되도록 서로에게 부담을 주기 싫어하고 주어서는 아니 된다는 생각에 코드가 맞아가는 양 싶다.

수박을 먹다가 갑작스레 무엇인가 생각이 났는지 넌지시 나에게 물어온다. "무엇을 받고 싶냐."고. 며칠 후면 아내의 생일이 돌아오는 것을 생가해서였으리라. 의무감일지는 몰라도….

그 말 '한 마디' 가 이 장마철에 쑤시는 몸의 치료약이 된다.

부부로 살아간다는 것은 이처럼 사소하지만 따뜻한 말 한 마디에서 비롯되어지고 감동하고 감동받는 것들이 아니겠는가?

서로가 이해하고 양보하고 싶으면서 어쭙잖은 자존심이 발동되어서 모든 일들을 그릇치게 된다.

주방을 기웃거리는 아이들의 얼굴에선 싱그러움이 묻어난다.

나도 그도 어느새 늙은 양파처럼 그렇게 변해가고 있다는 생각이 든다.

—2003. 9월호 『참 좋은 사람』 월간지 발표.

소풍이라는 이름으로

전주천과 삼천천은 하수종말처리장에서 물을 여과하여 1급수를 내보내기 때문에 쉬리가 산다. 다슬기와 가시납자리, 수리긴물개, 칼납자루, 참몰개 등 14종의 물고기들도 함께 산다.

맑은 물속이 훤히 보이고 자갈이 동글동글 너무 예뻐서 동심에 젖어 발을 담갔다. 올 여름은 비가 많이 내렸던 까닭에 넘실대는 물이 풍요로웠다. 어스름 석양빛에 비추어진 은빛 물결이 반짝반짝 빛나니 느티나무와 갯버들, 달뿌리꽃, 원추리꽃이 심어진 둔치의 경관이 자연스럽고 아름다웠다.

어디선가 새들이 날아와 무엇인가를 주워먹으며 하얀 날개를 접었다 폈다 하는 모습이 장관을 이루었다. 쇠백로, 물총새, 깜짝도요새 등이다. 다가산 자락은 쇠백로의 보금자리로 정해진 지 오래다. 몇 년 전만 하더라도 도심의 전주천은 눈살을 찌푸리게 했다. 새롭게 가꿔진 전주천과 삼천천이 자연형 하천으로 조성되어 훌륭한 도시경관을 되살리게 되었다.

새삼 전주의 여유와 낭만을 느낄 수 있어 마음이 흐뭇했다. 개구쟁이 소년들이 멱을 감으려는지 웃통을 벗어젖히고 물속으로 뛰어들었다. 자전거를 타고 달리는 사람, 마라톤을 하는 사람, 걷는 사람들 속에서 한 줄기 바람을 만나게 되니 기분이 새로워진다.

친구가 운동삼아 삼천천 고수부지를 거닌다고 해서 이른 저녁식사를 한 뒤 따라나섰다. 고수부지를 거닐면서 소풍이라는 이름을 떠올리게 되었다. 어렸을 적 소풍가던 날이 생각났다. 소풍가기 전날엔 배낭을 꾸리며 그 속에 무엇을 채워 가야 하나 생각했고, 무슨 노래를 불러야 하나 궁리하면서 잠들었던 기억들이 아련히 떠올랐다.

엄마가 싸주신 김밥도시락과 사이나 한 병, 그리고 사과 몇 알과 알사탕 한 봉지가 전부였다. 남자선생님이 담임인 경우엔 담배 한 보루, 여선생님인 경우엔 송편 한 그릇이 전부였다. 이것만으로도 설레었다.

그런 설렘을 안고 다시 소풍 한번 가보고 싶은 생각이 간절하다. 보물찾기도 하고 옹기종기 둘러앉아서 도시락을 열고 '고수레!' 하면서 김밥 한 개를 숲속에 던져주며 마냥 즐거워하던 때가 있었다.

하늘이 맑게 개고 구름 한 점 없는 날, 소풍이란 이름으로 나들이를 한번 하고 싶어진다. 여행이라는 사치스런 말보다는 소풍이라는 말이 초가집 위의 아침 박꽃처럼 청초하게 다가오는 이유가 무엇일까?

산업사회에 적응하느라 열심히 살아가는 우리들, 가족부양에 힘겨워하면서 나이를 잊고 살아가는 우리들, 잠시 하던 일을 접어두고 더위가 맹위를 떨치는 여름 한 날, 소풍을 가기로 정했다. 소풍이라는 이름으로 우리의 몸과 마음을 하늬바람으로 씻고 싶어서였다.

어린 시절 몇십 리를 걷다보면 목적지에 다다르게 되었다. 그때까지 들길에서 예쁜 꽃도 만나고, 언덕과 평범한 길도 만나고, 소와 갖가지 짐승들을 만날 때마다 피하면서 인솔 선생님의 호각소리에 따라 질서를 지켰던 기억이 새롭다.

가정이라는 굴레, 직장이라는 굴레, 사회라는 굴레에서 물욕과 명예욕 때문에 할퀴고 상처받는 일이 많다. 또 나도 모르는 사이에 내가 내 이웃에게 상처를 준 일도 있었을 것이다. 나로 인해 상처를 받은 사람이 있다면 두 손 모으고 용서를 빌고 싶고, 나에게 상처를 준 사람도 더불어 용서해주고 싶다.

인생의 삶에 목적지는 어디일까? 인생이 추구하는 행복은 끝이 보이지 않는 긴 여정이다. 에리히프롬의 '소유냐, 존재냐.'라는 말처럼 행복은 소유해야만 하는 것인가 아니면 존재하는 것인가?

어떤 시인은 인생의 삶을 세상에 잠시 소풍을 온 것으로 표현했는가 하면, 성경에서는 현생의 삶을 여행으로 표현하기도 했다. 유식하게 말하자면 '공수래공수거空手來空手去'다. 빈손으로 왔으니 빈손으로 떠나야 한다는 말이다. 진정 삶의 가치는 무엇에 비견할 것인가.

운동삼아 천변을 걸으면서 생의 의미를 되짚어보는 일도 즐겁다. 마치 내가 생각하는 로댕이 된 기분이다. 꿈에 부풀어 마냥 즐겁게 떠났다 돌아오는 어린 시절의 '소풍'이 마냥 그리워진다.

—『문예연구』 제8호 발표(2003. 8.25)

어머니의 선물

12월이라는 검정 글씨의 달력 한 장이 덩그러니 매달려 있다.

항상, 이맘때쯤이면 겨울을 지내야 하는 생각과 한 해의 모든 마무리 때문에 조급해지고 쫓기는 듯한 마음이다. 얇은 옷에서 두꺼운 옷으로 정리해야 하고, 베란다에 있는 화분들도 거실로 들여야 되며 각종 물품들을 챙겨야 되고, 김장 담그기 등 매사에 꼼꼼히 챙겨야 될 일들이 많은 시기이다.

그 중에서 가장 급선무인 업무는 김장이다. 오늘, 그 행사를 치루어야 하기 때문에 며칠 전부터 시어머니께서는 고추를 깨끗이 닦아 빻아 놓으셨고, 마늘과 생강을 까서 찧어 놓는 일들을 틈틈이 해놓으셨다. 그러나 손이 많이 가는 것이 더 많다. 여러 가지 젓국달이기, 새우젓다지기, 굴, 청각, 찹쌀죽끓이기, 깨볶기, 깨소금 만들기, 갓, 당근,

무 채썰기, 파, 알밤채썰기 등 양념을 준비해서 젓국에 버무려서 배추에 바르고 속을 박아야 한다.

양념에 다 무친 배추나 무, 깍두기, 고들빼기, 파 등을 곱게 잘 말아서 김치통에 채워 넣어야 한다. 이렇게 되면 겨울나기 김치 담그기는 마무리가 되는 셈이다.

이제 시어머니의 연세가 84세 어쩌면 올 겨울 김치 담기기가 어머님이 살아계시는 동안 마지막이 될지 모른다고 누누이 말씀하시면서 직장생활 하는 며느리를 걱정하신다. 김치 담그기는 마무리가 되었지만 내 마음에 단장과 빈 마음은 아직 채우지 못하고 있다.

인생을 살면서 성품과 교양을 잘 갈고 닦고 배우고 갖추어진 것들을 잘 융화시켜야 하며 배추에 넣은 재료처럼 그 교양을 잘 버무려서 배추 속을 채우듯 우리의 인격을 잘 버무려서 인생의 속을 꽉꽉 채워 겨울나기를 하는 김장 김치처럼 알뜰살뜰하게 멋있고 맛있는 맛을 내는 성품이 되어야 하리라.

오늘도 우리 가정에 김장을 돕기 위해 오신 권사님, 집사님 이웃사람들과 서로 담소하며 담근 김치를 이웃과 나누고, 담근 김치로 점심을 같이 먹어야 한다. 거실 가득 함지박, 소쿠리, 양념통들이 널브러져 있지만 고기 한 가지라도 볶아서 김치와 먹는다면 최상의 런치정식이지 않을까. 기다란 김치 가닥을 입안에 가득 채워 입을 쫙쫙 벌려가며 김치의 맛을 본다. 김치를 담는 날이면 어린 시절과 초등학교 다닐 때의 추억이 떠올라 눈물이 핑 돈다.

그 시절엔 그랬다. 도시락 반찬으로 김치와 단무지 무장아찌 등 장아찌 종류가 득세를 이루었다. 그런데 어머니의 손길이 덜 바쁜 날은

운 좋게 계란말이와 멸치볶음이 반찬으로 등장했지만, 난 김치가 지독이도 싫었다. 이유는 새 학기 새 책을 달력 뒤면으로 몇 권은 싸고 나머진 예쁜 포장지로 책을 곱게 쌌다. 그러나 며칠이 지나지 않아 책은 가을단풍처럼 물들기 일쑤였다. 그런 날이면 집에 돌아와 목놓아 엉엉 울며 어머니에게 불평을 늘어놓곤 했다.

그런데 오랜 세월이 흐른 지금은 김치의 효능을 알고 불평에서 감사로 바뀌었다. 김치에는 식욕촉진, 다이어트, 변비 및 대장암 예방, 유산균 생균제, 콜레스테롤 감소 동맥경화 예방, 항산화효과 노화억제, 항암효과, 면역증강효과, 중국 감기인 사스 예방까지 하는 영양식 중에 하나임을 깨달은 것이다.

오늘도 난 김치를 담그면서 고전 전통인 두레, 향약, 품앗이의 의미도 깨닫게 되었으며 풍부한 우리의 아름다운 인심을 생각하였다. 겨울 동안 영양가 높은 이 김치로 김치전도 부치고 김치찌개도 만들어서 눈 내리는 날 아이들의 간식거리로 사용할 것이다. 오랜 세월이 흐른 후에도 마음을 담은 어머니의 김치 선물을 마음속 깊이 간직하며 귀한 사랑의 선물로 되새길 것이다. 어머니와 오붓하고 행복한 이 여유로움의 김치 담그기를 내 생애에 몇 번이나 더 할 수 있을 것인가?

우렁각시

눈~~!! 하면 솜처럼 은백색 세계가 떠오르게 마련이고 따스한 난로, 김이 무럭무럭 나는 길거리 포장마차 등 다양한 추억을 떠올리기에 좋다.

어린 시절에는 겨울이 오면 괜스레 기다려지는 눈을 통해서 작은 소망과 그리움을 키우기도 했다. 그런데 언제부터인지는 알 수 없지만 생활에 불편함이 많이 동반됨을 느끼지 시작했다. 내린 눈이 녹고 나면 질퍽한 땅, 그 흙으로 인해서 생활에 연관되는 신발과 차와 현관의 더러워짐과 주변이 어수선해짐을 느끼기도 하며 빙판으로 인한 잦은 교통사고 등도 생각하게 된다.

그러나 비는 그러하지가 않다. 비는 장맛비 외에는 편안함이 동반되고 메마른 대지를 적셔주는 까닭에 기쁨이 앞선다. 그뿐인가. 비

온 뒤의 맑고 깨끗함은 산뜻함을 주고 마음의 체증이 내려가는 것처럼 시원해지기까지 하며, 여름철 소낙비는 청량제 역할도 한다.

2008년에서 2009년도 전환점에서 올 겨울은 다른 해에 비해서 눈이 많이도 내렸다. 눈이 내리고 난 후에 반드시 추위가 뒤따르니 농경사회였던 우리나라에는 눈이 많이 내려야 병충해방제가 되어 풍년이 든다는 설이 있다. 그래서 눈을 많이 기다리는지도 모른다. 며칠 전 새벽길에 나는 펑펑 내리는 새하얀 눈을 만났다.

이 눈을 다 맞으면 머리가 젖는다는 생각보다는 왠지 상큼한 기분이 앞섰다. 새하얀 눈을 맞으며 발자국을 남긴다는 생각에 즐겁기까지 했지만 돌아오는 길은 몇 시간 동안에 얼마나 내렸는지 수북이 쌓여 있었다.

눈이 그치자 포근하게 느꼈던 기온이 급속도로 내려가자 얼기 시작했다. 이제 출근을 어떻게 해야 할까를 고민하지 않으면 안 되었다.

통근버스를 타야 할까 아니면 차를 가지고 가야 할까?

귀가할 때를 생각한다면 차를 가지고 가야 할 것이고…, 고민을 하면서 출근을 서두르는데 벨이 울린다.

출근 준비에 바쁜데 아침부터 무슨 전화야, 하면서 받을까말까 망설이면서 전화를 받았다.

동네 골목길 빼고는 운전을 할 만하니 차를 가지고 가라는 남편의 전화였다. 알았다는 말을 하고는 집을 나서면서 무엇으로 눈을 쓸어야 되나를 또 고민하면서 차 앞에 섰는데 말끔하게 눈이 사라졌다. 아무리 살펴도 9170호이다.

출근 후 남편에게 고맙다고 전화를 했다. 고마워~~. 무엇이 고맙다는 거야. 순간 누군가가 자기 차인줄 알고 잘못 쓸어내렸던 것은 아니었을까? 하는 생각을 하기도 했다.

올해 벌써 3차례나 많은 눈이 내렸지만 여전히 눈이 내리는 날에는 차를 가지고 가기 편하도록 깨끗하게 눈이 쓸어져 있다. 눈 내리는 날엔 나에게도 우렁각시가 생겼다.

이제는 남편 덕에 눈이 오는 것도 예전보다 즐거워졌고 눈에 대한 감정도 꽤 많이 사라졌다. 추운 겨울날 자기 차 정리도 번거로울 텐데…. 나이가 드니 가족에 대한 배려도 자연스럽게 생겨나는 것일까?

워낭소리

우수가 지나면 한낮엔 확실히 봄기운이 오롯이 느껴지기 마련이다.

그래도 안심해선 안 될 것은 아침저녁으로 찬 기운이 맴도는 탓이다.

그러나 이맘때쯤이면 농부들의 마음은 본격적으로 바빠진다.

2월을 마무리하는 오늘 남편은 작은아이를 군대에 보내고 안쓰러운 마음도 달랠 겸 장안에 화제인 다큐멘터리 〈워낭소리〉를 보러가자고 제의를 했다.

경북 봉화군을 배경으로 한 농촌은 안개가 자욱한 산자락이며 초록의 전원 풍경이 펼쳐지는 가운데 오래된 가옥들이 다정다감하게 보였다. 꾸밈없는 한 가정을 대상으로 소개되는 내용이며, 할아버지와 할머니의 삶 가운데 가축인 소를 가족처럼 여기고 동행하면서 일생을 살아오신 삶을 오붓하면서 잔잔하게 그려낸 작품이다.

이 영화의 극본은 대사가 정해진 것도 아니며 탤런트들처럼 유창한 언어로 각색되어 이루어진 것이 아니기에 눈을 한번도 깜박하지 아니하고 초점을 맞춰서 귀를 세우게 되었다.

녹색의 광경이 펼쳐지는 농촌, 오로지 삶에 대한 애착을 농토에 바치면서 9남매 자녀들을 다 양육시켜서 도회지에 보내고 가족이라고는 달랑 두 분. 팔순이 다된 최씨 할아버지 부부와 소 한 마리, 오래된 라디오가 그들 삶의 전부이다.

우직한 최씨 할아버지의 삶에 있어서 소는 전부이고 최고의 친구이며, 농기구이며, 유일한 자가용이다. 소는 할아버지의 맘을 알기라도 하는지 늦은 귀가시간에도 혼자서 집을 찾아오며 귀가 들리지 않지만 할아버지는 소리워낭만큼은 듣는다. 그것은 오랜 세월 동안 마음을 함께한 탓이리라. 한쪽 다리의 장애가 심한 할아버지는 논과 밭 들녘, 시장이고 어디든지 소를 동반한다.

어느 날 소가 아플 때의 일이다. 수의사는 할아버지 집에 내방하여 소의 수명은 15년이라는 말을 하면서 이제 소가 1년밖에 못 살 거라는 시한부 선고를 한다. 하지만 30년이라는 세월을 함께해온 할아버지는 소에 대한 애착을 더더욱 깨닫게 된다. 할아버지는 말 못하는 짐승이지만 사람보다 더 낫다는 생각을 하게 되며 비가 내리는 날에도 일을 하다가도 늙은 소를 바라보며 안타까운 심정으로 소의 꼴을 베기 위해 들로 산으로 향한다.

힘들게 사는 할아버지를 향해서 할머니는 사료를 사자는 제의와 논밭에 풀이 많은 관계로 농약을 치자고 여러 차례 제의를 하지만 할아버지는 소가 먹을 풀이기에 곡식에 농약을 할 수가 없다고 단호하게 말한다. 왜냐하면 곡식과 곡식의 껍질을 사료로 써야 하며 농약을 치는 관계로 주변의 풀들에게도 농약의 피해가 가기에 노인은 소의 건강을 위해서 할 수 없음을 말한다.

할아버지는 아파서 힘들어 하는 삶이지만 늘 소의 걱정만을 하기에 부족함이 없고 할머니는 이제 소를 팔고 농사일을 그만하자고 하면서 왼 종일 소만 챙긴다고 타박과 넋두리를 하곤 하지만 그 소리를 듣는지 못 듣는지 소에게만 집중한다.

할머니는 이젠, 할아버지도 고물이고, 라디오도 고물이고 소도 늙어서 고물이니 안타깝다고 되뇌이며 우리집엔 고물밖에 없다고 했다. 그러면서 눈가에 눈물이 고이는데 내내 짠한 마음이 가슴을 누르는 듯하다

그렇지만 간간이 노부부 대화에서 고유의 사투리 때문에 웃음을 자아내기도 하는 부분이 있다. 하지만, 노쇄한 소는 생명을 다하는지 일어나지 못한다. 이제 할아버지는 워낭도 멍에도 풀어주고 소의 임종을 지켜본다. 노부부는 소에게 "좋은데 가거래이." 라는 말과 함께 내가 죽고 네가 산다면…, 네가 죽고 내가 산다면…, 이라고 되뇌이며 소와의 우정을 노래한다. 소의 생명은 불과 15년이었지만 최씨 할아버지의 사랑으로 40년을 살았으니 이처럼 세상에 사랑의 힘보다 더 위대한 것이 또 있을까.

40여 년이라는 세월을 살아준 소를 땅에 묻어주고 돌아오는 그들의 모습은 허탈함과 공허함이 배어 있었다.

함께 살았기에 비록 동물이지만 정을 저버리지 않는 사람들, 일을

하며 삶에 도움을 준 은혜를 잊지 않는 사람들, 한 울타리 안에서 먹고 살면서 함께한 시간들을 고귀하게 생각하는 사람들, 그분들은 진정으로 우리의 어머니와 아버지가 아닌가?

어렵고 힘든 세월 논과 밭에서 소와 함께한 그분들이 있었기에 오늘날 한국의 경제가 발전하는 데 기초가 되었을 것이며, 자신의 삶보다 자녀들을 위해서 희생하고 일생을 헌신하신 그 아름다움이 잘 사는 길을 열어준 것이리라.

우리 어렸을 때 들었던 소 방울(워낭)소리는 진한 감동의 소리이며 사라져가는 것들에 대한 회한과 그리움을 담아낸 감동적인 오리지널 스코어이다.

그 소리는 고향의 소리이며 우리를 행복하게 만드는 요소가 되기도 한다. 일생을 땅과 더불어 농사를 지으며 살아오신 할아버지의 손톱에 낀 때가 부끄럽지 않은 것은 할아버지의 삶과 정신이 흙에 대한 사랑이었기 때문이다.

삶 가운데 마음에 와 닿는 영화를 만나는 일 또한 우리를 행복하게 만드는 하나의 삶의 요소이지 않을까.

이 다큐를 통해 젊은이들이 다시 생각하고 이 기회를 통해서 삶에 "희망"이 되기를 기대해 본다.

이 계절에 생각나는 맛

예전에는 가을이 되면 겨울나기 준비를 참 많이 했다.

호박, 버섯 등은 바짝 말리고, 온갖 나물은 정월대보름이나 겨울에 먹을 반찬으로 살짝 데쳐 말렸으며, 무청 하나까지도 소홀히 하지 않았다.

이런 것들 중에서도 내가 좋아한 것은 따로 있었다. 바로 곶감과 감 껍질 말린 것이다. 곶감이야 예전 맛이 제대로 나는 것은 찾기 힘들다 치더라도 아예 없는 것은 아니기에 서운하지만 애달플 정도는 아니다. 그러나 감 껍질은 얘기가 다르다. 아예 자취를 감추었기 때문이다.

넓은 소쿠리에 촘촘히 널어 좋은 가을 볕을 쬐어주면 감 껍질은 곧 꼬들꼬들해지면서 부옇게 분이 생겼고, 그러면 곶감과는 사뭇 다른 맛을 내는 훌륭한 겨울 간식거리가 된다. 곶감이 쫀득거리며 이빨에 잔뜩 달라붙어 단맛을 낸다면 말린 감 껍질은 단맛이 조금 묻어나면서도 적절히 씹히는 맛이 느껴져 색다르다. 그것을 어머니께서는 가루로 빻아서 인절미 고물로도 사용했다. 그럴 때면 빨간색 인절미의 달콤한 맛이 일품이었다. 그러나 이제 말린 감 껍질은 추억 속에서나 찾아야 한다.

지난 가을 곶감을 직접 만들어 손자들 오면 줄 것이라는 친정어머니의 말에 감 껍질 맛도 부탁드리고 싶었으나 꾹 눌러 참아야만 했다. 믿을 수 있는 감이 아니라면 농약이 묻어 있을 터이니 언감생심, 그런 마음을 품을 수 없기 때문이다. 추억으로 돌려야 하는 것이 어디 감 껍질뿐이겠는가?

막 따온 사과를 바지에 쓰윽 문지른 다음 하얀 신물이 입가에 배도록 꽉 베어 물어보고 싶으나 요즘은 아무도 이런 행동을 엄두도 내지 못한다. 귤껍질도 마찬가지이다. 귤을 까먹고 나면 귤껍질을 꽉 눌러 싱그럽게 튀어나오는 즙을 손등에 문지르기도 했고 잘 말려 겨울에 귤차를 끓여 먹기도 했다. 그러나 이제는 아무도 귤즙을 손등에 바르는 이가 없고 귤 차는 자취를 감춘 지 오래이다.

농약은 기본이고 거기에다 빨리 숙성시킨다며 공업용 화학약품인 카바드에 찌들게 하고 그것도 모자라 온갖 착색제에 왁스까지 덮어씌운다는 귤껍질의 즙을 손에 문지르고 귤차를 끓인다는 것은 정말 상상하기도 힘들게 되었다.

지금의 아이들에게 자연은 "가공"되어야 안전한 것이고 우물물을 그냥 길어 먹고 사과나 오이를 껍질째 먹었다면, 아이들은 어떻게 자연을 가공하지 않고 '날것'으로 먹을 수 있었는지 의아한 눈으로 쳐다볼 것이다.

이 계절에 그 옛날 무공해 식품으로 자연 그대로 먹었던 과일, 그 맛이 그립다.

—『텃밭』7집 발표(2004.)

준비 없는 삶

입추가 지나고, 처서가 지나도록 여름휴가를 다녀오지 못했다. 여러 가지 일들이 겹치고 친정어머니의 이생에 대한 여행이 마쳐졌기 때문이다. 그래서 모처럼 언제 날짜를 잡아서 여행 겸 휴식을 취하자는 이야기만 나누었을 뿐, 선뜻 나설 수 없었다.

모처럼 '위도'에 다녀오자는 이야기를 남편이 내놓는 바람에 간만에 바깥바람을 쐬는 기회가 되었다. 아직은 여름의 끝자락인지라 열기가 남아 있어 시원한 푸른바다를 구경할 겸 위도로 정했다.

휴일이기에 여유 있는 마음으로 서서히 준비해서 집을 나섰다. 차창 밖으로 스치는 풍경을 음미하면서 중도에 도착하였다. 다행히 배가 위도로 떠나기 직전까지 도착은 하였지만, 가장 큰 문제는 배에 차를 실을 수 없다는 것이었다. 그냥 몸만 갈까도 생각했지만 한낮의 햇빛은 아직도 따가운데 모자도 양산도 없고 신발 역시 걷기에는 불편한 차림새였다.

한참을 생각했지만 그곳에 맹목적으로 갔다 돌아오기는 시간이 영 아깝다는 생각이 들었다. 게으름을 탓하기 전에 여기까지 온 것이 얼마인데 라는 생각을 하니 괜스레 짜증스러움도 동반되었다. 그렇다고 5시간 이상을 기다렸다 위도를 다녀올 수도 없는 노릇이었기에 어떻게 할까를 고민하다 곰소항에 들르기로 했다. 마른새우며 갈치, 오징어포 등을 사가지고 여름의 끝자락과 가을이 교차되는 풍경들을 둘러보기로 하고 정읍 쪽으로 방향을 돌렸다.

가을햇살은 아직도 남은 과실들을 위해서 남국의 열풍을 따갑게 전송하는 데 여념이 없다. 가을로 향하는 자연을 통해서 우리의 삶을 한번 더 뒤돌아보게 되었고 돌아오는 길은 그래도 가을의 완연함을 느낄 수가 있었다.

하늘을 나는 고추잠자리, 도로변에 핀 맨드라미꽃, 간간이 무더기로 핀 코스모스, 나무 끝 가지에 살짝 걸쳐진 단풍의 모습과 알차게 익어가는 밤나무, 누르스름한 빛으로 튼실하게 커가는 은행알의 모습이 가는 여름과 오는 가을의 교차를 여실히 느끼게 해 주었다.

그 모습은 한 계절을 보내야 되는 아쉬움이 있지만 여름이라는 계절을 인내하고 맞이하는 보람되고 성숙한 풍경이다.

속담에 "인내는 쓰다. 그러나 그 열매는 달다."라고 했다.

우리의 삶이 늘 행복하기만 하고 여유롭기만 하던가. 삶을 사는 데는 여러 가지 상황이 동반되기 때문에 많은 비유 중에 날씨를 예로 들기도 한다. 흐린 날이 있는가 하면 바람 부는 날, 비오는 날, 눈이 내리는 날 등등. 그것은 마음의 기후 따라 지혜롭게 때때로 넉넉함으로 감사함으로 살아가라는 뜻이지 않을까? 사계절 푸르기만 할 것 같았던 녹음도 계절의 변화에 따라 자연스럽게 퇴색한다. 삶도 인내하고 노력하면서 겸손하게 사노라면 탐스럽고 먹음직스러운 가을 과일 같은 향기와 튼실한 열매가 맺히지 않겠는가?

달릴 준비를 하는 마라톤 선수가 옷을 벗어던지듯 무슨 일을 시작할 때는 잡념을 벗어던져야 하며 남을 좋은 쪽으로 이끄는 사람은 사다리와 같아야 한다고 한다. 자신의 두 발은 땅에 있지만 머리는 벌써 높은 곳에 있어야 한다. 행복의 모습은 불행한 사람의 눈에만 보이고 죽음의 모습은 병든 사람의 눈에만 보인다. 웃음소리가 나는 집엔 행복이 와서 들여다보고, 고함치는 소리가 나는 집엔 불행이 와서 들여다본다 .가난과 싸워서 이기는 사람은 많지만 재물과 싸워 이기는 사람은 적다.

오늘의 여행은 비록 가고자 했던 여행지를 가지 못했지만 오고가는 길목의 풍경을 통해서, 세월의 흐름을 통해서 늘 게으르고 나태한 자신을 발견했으며, 어떠한 일에도 깊은 생각을 하지 않고 짧은 생각으로 생활해 온 나 자신을 발견하는 기회가 되었다.

노력하지 않고 정성들이지 않은 일이 성공하는 법이 있지 않음을 생각하게 하는 하루였다. 서쪽 하늘로 향한 햇살은 한낮과는 달리 아름다운 노을로 나에게 또 하나의 화두를 던져주었다.

천 원짜리 행복

사람들은 자신의 삶을 한 권의 책에 비유하거나 사람이 다니는 길에 비유하곤 한다. 날마다의 삶이 모여 한 주가 되고, 한 주가 한 달이 되고, 달이 모여서 1년이 되는 까닭이다. 또 그 삶이란 게 날마다 되풀이되는 것 같지만 자세히 들여다보면 다르기 때문일 것이다. 인생은 한번 태어나면 주어진 길을 가지 아니하거나 되돌아설 수도 없는 일이기에 그렇게 비유하는 것이 아닐까도 싶다.

길 또한 마찬가지다. 길을 가다보면 고속도로처럼 확 뚫린 길이 있는가 하면, 구불구불한 오솔길도 있고, 낭떠러지처럼 목숨을 위협하는 길도 있다. 그러나 때로는 꽃이 핀 아름다운 길도 있고 산새소리와 냇물 흐르는 소리도 듣고, 노래도 부르며 걸을 수 있는 행복한 길도 있다.

요즘 우리 사회를 웰빙시대라 부른다. 살 만큼 살고, 먹을 만큼 먹고, 입고 싶은 것도 계절에 따라서 잘 입고 사니 의식주 해결이 잘 되는 시대다. 봄, 여름, 가을, 겨울이 모두 그렇겠지만 여름철로 들어서면 그동안 옷으로 가려졌던 살들이 드러나기 마련이다. 그래서인지 건강관리 차원에서나 몸매관리 차원에서도 운동을 하는 곳이면 어느 곳이든지 인산인해를 이룬다.

나 역시 운동을 하고 나오다 노점상 앞에 사람들이 모여 있어서 자석에 끌리듯 그곳으로 가보았다. 그곳에서는 값싼 머리핀을 팔고 있었다.

유행이라는 게 다 그렇겠지만 형형색색으로 번쩍번쩍 빛나는 보석의 이미테이션이 눈을 유혹했다. 가짜가 진짜보다 호화롭고 빛나는 시대를 우리는 살아가고 있다. 여자라면 한번쯤 보석에 눈길을 주지 않는 사람이 있을까.

여자뿐만이 아니라 남자들도 굵은 목걸이를 목에 걸고 다니고 심지어 20대 남자들은 귀고리까지도 자연스럽게 하는 시대가 아니던가.

요즘 나의 헤어스타일에도 변화가 생겼다. 커트머리에서 단발 단계를 거쳐서 어깨까지 닿는 긴 머리로 변했다. 긴 머리에 약간의 변화를 주고 싶을 땐 무엇보다도 핀이 좋을 것 같아서 용기를 내어 많은 사람들 틈에 살짝 끼어들었다. 이것 저것을 만져보고 생각도 해보면서 머리를 재빨리 굴려보았으나 딱 마음에 드는 게 없어서 망설이고 있었다.

이것은 유아 같아서 싫고, 저것은 핀이 너무 화려해서 싫고, 이것은 너무 커서 싫고, 저것은 너무 작아서 싫다. 그냥 뒤돌아서려니 왠지 모를 아쉬움이 발목을 붙잡았다. 그냥 뒤돌아서려다 핀 하나를 주워 들었다. 1,000원이란다. 그래서 살짝 머리에 꽂아보았다. 그냥 그런 대로 괜찮아 보여서 사게 되었다.

집에 돌아와 거울 앞에서 머리에 헤어젤을 바르고 이렇게 꽂아보고, 저렇게 꽂아보았다. 바쁘게 움직이면서도 머릿속에서는 생각 하나를 붙잡는다. 행복은 마음속에 있는 것이라던가? 대부분의 사람들은 나에게 적합한지보다는 다른 사람들의 눈을 더 의식한다. 일명 스타가 되기 위한 생각과 다른 사람보다 더 예쁘게 보이기 위해 그런 것이다. 그것 또한 무시할 수 없는 행동이지만 난해하거나 남의 눈을 거슬리게 하지 않는 것이라면 나 자신이 먼저 만족해야 하지 않을까. 그래야 자신감도 생기고 내가 행복해서 주변의 모든 사람들에게 전염병처럼 행복한 마음을 전할 수 있을 것이다.

오늘 나는 핀을 샀고, 그 핀으로 인해서 잊혀졌던 중 · 고등학교 때의 단발머리를 다시 한번 떠올리게 되었다. 비록 천 원짜리 핀이지만 몇 번이고 꽂아보면서 공주도 되고 마나님도 되고 귀부인도 되었다. 오늘 하루는 나에게 어떠한 하루였는지, 길이라면 어떠한 길이었는지를 생각하면서 밝고 행복한 미소를 지어 본다. 비록, 천 원짜리 핀이지만 그 물건 하나에서 미소와 행복 하나를 건져 올렸다.

— 제10호『행촌수필』게재(2006.)

흔적

아파트 가까이에 있는 작은 동산에 올랐다. 간밤에 내린 비로 세수를 한 풀잎이 밝은 표정으로 반갑게 맞아준다. 풀잎들은 저마다 예쁜 목소리로 많은 이야기들을 들려주려고 입을 쫑긋거린다. 풀잎에서 반짝이는 작은 물방울들이 구슬처럼 예쁘다. 손끝으로 살짝 건드리니 또르르 굴러 떨어진다.

풀잎과 나무, 그리고 산새들과 무언의 대화를 나누노라면 행복감이 내 안에서 솟구쳐 오른다. 나는 그런 행복을 누리고자 자주 동산을 찾는다. 이 모든 감성들이 오래도록 가슴속에 남아 있길 기도하면서 오늘도 나는 산길을 걷는다.

오늘은 한 달에 한번씩 맞는 토요 휴무일. 집안청소며 빨래 등 밀린 집안일을 마무리짓고 가벼운 마음으로 라디오를 들으며 동산에 오른다. 동산은 언제나 내 마음에 활기를 불어넣어주고 기쁨을 선사한다. 살아있다는 것이 감사하다. 가정과 직장의 온갖 굴레에서 벗어나 호젓한 산길을 걸으니 마음이 탁 트인다. 참으로 행복하다는 느낌에 콧노래가 절로 흥얼거려진다. 이런 기분이 좋아서 휴무 때나 토요일 오후엔 늘 혼자서 산길을 걷는다.

이 동산은 봄에는 예쁜 새순이 피어나고, 맑고 아름다운 이름 모를 꽃과 향기가 있어서 좋고, 여름엔 싱그러운 초록이 금방이라도 물들 것 같으며, 산줄기를 타고 내려오는 물줄기가 있어서 더욱 상큼하다.

가을이면 세월의 때가 묻은 형형색색의 낙엽이 켜켜이 쌓여 있어 걷는 즐거움이 더 크다. 마치 예쁜 낙엽으로 양탄자를 깔아 놓은 듯 푹신하고 부드러우면서 매끄러운 그 느낌이 좋아서 낙엽을 밟고 또 밟아본다.

문득 산 아래를 굽어본다. 학신미올 옆 한쪽 저수지 주변에선 낚시꾼들이 찌를 드리우고 앉아 세월을 낚는 모습도 보이고, 둑 위로는 작은 오솔길이 실핏줄처럼 쭉 펼쳐져 있다. 오밀조밀한 가을 산길이 한 폭의 그림처럼 정답고 아름답다.

멀리서 아이들의 재잘거리는 소리가 들려온다. 시계를 보니 아이들이 학교에서 돌아올 시간이다. 서둘러서 산을 내려왔다. 오늘은 사진첩을 정리해야 하기 때문에 그림과 색지 단풍잎들을 하나 하나 챙겨 앨범을 정리하기 시작했다

독일 프랑크푸르트 시청 앞 광장, 봄 · 여름 · 가을 · 겨울 사계절 흰 눈이 내린다는 융플라우, 세계에서 가장 크다는 베드로성당, 세느 강, 밤 야경이 아름다운 파리의 에펠탑, 인위적이라는 섬의 도시 베네치

아를 생각하면서 사진 정리를 해보지만 정말 사진다운 사진은 한 장도 없다. 인물중심도 배경중심도 아닌 어정쩡한 사진들이다. 그때 그 자리에 있었다는 알리바이를 증명해 줄 흔적이라고나 할까?

이럴 줄 알았으면 일찍이 사진동우회에 가입하여 활동할 것을…. 때늦은 후회가 아쉬움으로 남는다. 이래서 아마추어와 프로 사진사는 다른 모양이다.

산을 오르고 내려올 때 나의 발자국이 나를 따랐던 것처럼, 9박 10일 동안 유럽 여러 나라의 이곳저곳을 탐방하면서 찍은 사진이기에 앨범에 담아둘 수밖에 없다. 여행을 통해 여러 나라의 특색을 배웠고, 가는 곳마다 사진을 찍었으니 그 사진 속에는 나의 추억이 있다.

이 사진들이야말로 내 삶의 흔적이 아니겠는가? 먼 훗날 이 앨범을 펼쳐볼 때마다 힘들게 쫓아다니며 배웠던 그 아름다웠던 이국의 추억이 되새겨질 것이다. 이 순간에도 유럽 여행길에서 만났던 사람들과 이국의 풍경이 담긴 사진을 보며 다시 그 정경을 떠올리면서 앨범에 담고 있다.

가을 단풍을 앨범 사이사이에 곱게 접어 넣으면서 배시시 웃는다. 오랜 시간이 흐른 후에도 유럽 여행의 추억들과 올해의 가을이 이 앨범을 펼치면 다시 되새겨질 것이다. 앨범은 추억의 보물창고요, 흔적의 무덤이다.

4부

물 건너 세상을 보다

가을 나들이

가을은 떠돌이의 계절인가? 나뭇잎들이 곱게 물들고 하나둘씩 떨어지는 것을 보노라면 문득문득 먼 길을 떠나고 싶어진다. 바람이란 그 바탕이 떠돌이라서 그런지 바람소리를 듣기만 해도 나는 어디론지 여행길에 오르고 싶어진다.

요즘 들녘엔 잘 익은 과일 향기가 배어 있다. 사과, 배, 모과, 탱자와 석류가 보기 좋게 익어 가는 모습에서 가을을 느낀다. 향은 어찌 그리도 좋은지….

가을은 나에게 작은 기쁨을 전해준다. 높푸른 하늘, 하얀 뭉게구름, 고추잠자리 떼, 무더기로 피고 지는 들국화와 연보라색의 도라지꽃. 가을의 들녘은 혼절할 것만 같은 향기와 사랑이 함께 하는 기쁨의 무대다. 길거리 멍석에 깔아놓은 빨간 고추, 풍년을 알리는 벼들의 모습, 여기저기 뒹구는 호박, 초가지붕 위에서 보름달처럼 잘 영근 하얀 박, 담장에 주렁주렁 매달린 조롱박…. 이 모두가 가을의 대변자들이다. 내가 좋아하는 벚나무의 곱게 물든 단풍을 바라보면서 나는 조촐한 즐거움에 젖는다.

친구와 둘이서 가을 나들이를 떠났다. 아직도 가을의 끝자락에 남아 있는 키 작은 코스모스가 너울거리고, 가을걷이가 채 준비되지 않은 황금들판과 이름 모를 꽃들이 우리를 반겨준다. 노랗게 핀 재래종 수국과 먼발치로 보이는 감나무의 붉은 감도 손짓한다.

올해는 태풍이 지나갔는데도 감이 많이 열렸다. 그러나 농촌의 일손은 그곳까지 미치지 못한단다. 그러니 그 감나무에 매달린 감은 겨우내 까치들의 밥이 되겠지.

차창 밖으로 불어오는 바람이 향긋하다. 가을엔 가을꽃들의 향연이 펼쳐진다. 얼미쯤이니 달렸을까? 친구는 물가의 억새를 보면서 무심코 지나가는 시간 속에서 가을이라는 계절을 느낀다고 말한다. 어느 휴게실을 지나게 되었다. 자판기에서 뽑은 한잔의 coffee를 마셨다. 한잔의 커피가 가슴속에 쌓여있는 찌꺼기를 쓸어내려 주는 양 이렇게 마음의 여유를 줄 줄이야. 우리는 모처럼 한가로이 아름다운 가을 속을 누비는 여인들이다.

시간이 많이 흘렀는지 석양빛에 은행잎이 노란 빛깔을 선명하게 드러낸다. 황금빛으로 물든 나뭇잎들이 금세 우수수 쏟아져내릴 것만 같다. 비가 오려는지 하늘엔 뭉게구름이 피어난다. 친구는 양지바른 언덕에 누워 하늘을 배경으로 곱게 물든 단풍잎들을 올려 보는 게 꿈이고 논둑을 다니면서 메뚜기를 잡아보고 싶다고 한다.

차창 밖을 내다보니 오동나무와 후박나무에서 마른 바람이 일고 있다. 바람결에 날아가는 낙엽을 보며 더 지체할 수 없어 서둘러 귀로에 올랐다.

벌써 마을에서는 저녁밥을 짓는지, 아니면 저녁 군불을 지피는지 새하얀 연기가 하늘을 향해 모락모락 피어오르고 있다. 깊어가는 가을을 재촉하는 양 가을비가 후두둑 떨어진다. 간간이 석양빛이 구름 속에서 해죽이 웃음을 건네주고 사르비아꽃과 붉은 색의 키 큰 클라디오가 아름답기 그지없다. 이 비가 그치면 가을은 더욱 깊어질 것이다. 한 폭의 그림처럼 아름다운 가을은 내년을 기약하며 우리에게 또 이별의 손을 내밀겠지?

가족 여행

푸른 물결이 넘실대는 8월의 바다는 언제나 푸른 파도 내음이 향기롭다.

이른 아침에 전주를 출발하여 만리포해수욕장을 찾은 우리 가족은 바지락 칼국수로 점심식사를 하고 은빛 물결이 반짝이는 해수욕장으로 발길을 옮겼다. 모래밭을 맨발로 들어가니 모래가 뜨거워서 걸을 수가 없었지만, 아이들은 잘도 달리며, 고무튜브를 빌려 파도타기를 즐기기 시작했다.

잔잔하던 바다는 밀물시간이 되자 파도가 거세게 밀려들었고 아이들은 즐거워 함성을 질렀다. 난 아이들이 걱정되어서 백사장 쪽으로 나오라고 소리를 질러댔지만 나의 목소리는 파도가 삼켜버렸는지 아이들은 더 멀어져갔다. 간이 콩알만해진 나는 남편에게 아이들을 데

려오라고 다급하게 말했지만 남편의 반응은 시큰둥했다. 남자와 여자의 차이는 저리도 큰 걸까? 어스름이 찾아드는 저녁, 파도타기를 마치고 조개모듬과 해물탕으로 저녁식사를 했다.

저녁노을이 물든 밤바다는 파도가 몰고 온 푸른 물로 가득 채워졌다. 철썩철썩 오케스트라의 화음을 이루면서 쏴아쏴아 노래라도 부르는 소리처럼 고저장단을 맞추는 모습 또한 장관이었다.

다음날 새벽녘 아침운동을 하려고 모래밭으로 나갔다. 파도는 바다 가득 물을 채우려고 부산스레 운동을 하고 있었다. 가끔 밀려오는 물결 따라 바닷가의 꽃게들은 제 집을 들락거리고 있었다. 바닷가를 거닐면서 미물들에게서 도전정신을 배우며 모래 위에 아이들의 이름과 옆에,

'건강하게 잘 자라다오.'

'사랑한다!'

라고 써 보았다. 하지만 곧 파도가 밀려오면 모래 위에 써놓은 글씨들은 지우개로 지운 것처럼 깨끗이 지워지겠지. 그러나 엄마인 내 마음속에 새겨둔 글씨는 영원히 지워지지 않을 것이다.

아침식사 대용으로 가지고 간 음식과 라면을 끓여 먹고 또 바다로 나갔다. 밀려왔다 밀려가는 파도에 내 간절한 소망을 담아 띄워 보내고 사람들 틈에 끼어 우리도 아이들과 함께 파도타기를 즐겼다.

안면도 꽃지해수욕장 옆 반포로 가는 도중 닭도리탕으로 점심식사를 하고 반포해수욕장에서 또 파도타기를 즐겼다.

저녁 나절, 출렁이는 금빛 물결 위로 아름다운 저녁노을이 비쳤다. 저녁은 안면도에서 중화요리를 먹으면서 여정의 마지막 밤을 보냈다.

남편과 함께 해변을 거닐며 많은 대화를 나눴다. 먼 곳에서 들려오는 캠프파이어와 젊은이들의 노랫소리는 8월의 무더운 여름밤을 열기로 가득 채우고 있었다.

태안반도에서 서해안의 건강한 푸른 숲과 푸른 바다를 바라보니 관광지로 손색이 없다는 생각이 들었다. 우리 아이들도 저 푸른 나무들처럼 멋지고 건강하며 푸른 바다와 같이 넓은 마음을 지닌 사람으로 자라나기를 기도했다. 2박 3일의 여행! 가족의 정을 확인하고 가족의 사랑을 다짐할 수 있는 즐거운 추억여행이었다.

아름다운 섬 괌

11월 아직 늦가을의 잔재가 남아 있긴 하지만 겨울의 초입이다. 그래서 그런지 살짝 스쳐가는 바람에도 싸한 느낌이 옷을 여미게 한다.

언제부터인지 벼르고 벼르던 모임의 계획이 한 해를 마무리하기 전 11월이 좋다는 의견에 따라 떠날 준비를 하게 되었지만, 정작 함께 가야할 남편은 직장일 때문에 갈 수 없어 내내 서운한 마음으로 떠나게 되었다.

16일 새벽 2시에 일어나 8시 30분 비행기를 타기 위해 서둘러야 하는 여행은 행복하기만 한 것은 아니었다. 도착하자마자 섬 전체를 둘러봐야 한다는 의견으로 돌아본 섬은 제주도의 3/1 크기라고 했다.

예쁘고 아담한 섬은 여러 나라의 지배를 받았기 때문에 스페인과

일본, 미국, 원주민의 문화가 어우러져 이색적인 볼거리가 가득했다.

괌은 섬 전체가 산호초로 둘러싸여 있고 수심이 얕아 각종 해양 스포츠를 안전하게 즐길 수 있다고 한다. 물의 투명함은 우리나라 울릉도쯤은 돼 보이니 얼마나 맑고 깨끗한지 감히 짐작하고도 남음이 있을 것이다.

기후와 온도가 우리나라와는 다르기에 그곳은 환상적인 여름이었다. 눈부시게 푸른 바다는 여름 하늘을 담은 탓에 맑고 푸르기만 했다.

하지만, 열기와 습기는 만만치가 않았다. 바람이 휘익 불어올 때는 상큼한 박하향과도 같지만 바람이 지나고 간 자국은 소금기가 서린 듯 끈적끈적 하기가 이를 데 없다.

이쯤 되니 관광할 곳을 찾아 밖으로 나가야 한다는 가이드의 말에 따라 나서게 된다. 관광지라는 것이 국가의 특색과 지역의 특색이 있기도 하지만, 거의 비슷비슷한 수준이다 싶다. 그러나 우리가 찾아간 곳은 "사랑의 절벽"이었다.

달랑 바위산 하나가 있는데 우리나라 두레박 샘 물 형상과 거의 비슷하다. 전설에 의하면 그 나라 군인 장교의 딸이 있었는데 원주민과 깊은 사랑에 빠져서 결혼을 하기로 했단다. 장교의 집안에서 심한 반대가 있자 두 남녀가 머리를 풀어서 서로 묶은 후 뛰어내렸다는 전설이 꽤 인상적이었다. 이어서 강을 따라 우거진 정글을 탐험했다.

정글을 탐험하는 시간 내내 어린아이의 심정이었다. 원주민들이 원숭이처럼 나뭇가지를 타고 오르내리며 야자를 따는 모습도 영화에서나 볼 듯한 광경이며 나뭇가지가 찢어지지 않을까 조바심이 생겼다.

좁다란 강줄기를 타고 노저어 가면 모형인지 뱀과 야생동물이 있어서 전설적인 동화 속 이야기처럼 생각되었다.

이 섬은 마젤란이 최초로 상륙한 우마탁마을, 정글탐험 크로즈, 파세오 광장, 여기서 또다시 잊지 못할 추억 하나를 건져 올린다. 바다 위에 몸을 던져 바다 속을 관람하는 일명 "수중잠수". 평상복에다 방판조끼를 입고 수중호흡기를 착용하고 바다에 들어가면 바다 속의 아름다운 광경을 다 볼 수 있다는 거다.

미덥지 않지만 모두들 체험하고 내 차례가 되었다. 설렘반 두려움 반이다. 하나, 둘, 셋 바다 속에 던져진 나는 순간적으로 놀라지 않을 수 없었다.

그 언젠가 다큐로 보았던 "바다 속의 비밀"이 여기에 있는 거다.

보는 순간 어~머! 하고 입이 벌어져 닫혀지질 않는다. 바다 속이 정말 저렇게 아름다울 수 있을까? 설마했던 것들이 지금 내 눈앞에 펼쳐져 있기에 감동하지 않을 수 없다. 어쩜 저렇게도 아름다운 모습일까? 그림을 그릴 수 있다면, 얼마나 좋을까? 각양각색의 산호초와 울긋불긋 무지갯빛의 예쁜 물고기들이 아름다운 바다 속을 꽃으로 수놓은 양 싶다.

꿈이 아닐까? 하는 착각에 빠질 정도로 아름다운 그 모습은 귀한 한 폭의 풍경을 만난 듯싶다. 정말 바다 속에도 용궁이라는 전설적인 나라가 있을 것만 같다. 그렇다면 하늘나라도 분명 있을 거라는 확신이 생긴다. 그렇다면 천지만물을 창조한 신도 계실 것이고 우리가 이 광경을 보고 환호하듯이, 그 나라에서 우리들의 모습도 보고계시리라….

백문이 불여일견이라는 말을 다시 한번 깨달으며, 신혼부부들이 여행지로 이 섬을 찾는 이유를 조금은 알 것 같다.

이벤트

햇살이 넉넉하게 피어오르는 눈부신 여름날이다. 푸른 잎새들이 잠에서 깨어난다. 어디를 가나 푸른빛과 푸른 바람이 새롭다. 벌써 여름을 알리는 매미들의 노랫소리가 요란한 계절이다.

오늘은 남편의 배려로 아름다운 섬 보길도를 찾았다. 내 생일선물로 마련해 준 이벤트라나? 보길도! 섬의 크기는 동서의 길이가 12㎞, 남북의 길이가 8㎞다. 전체 면적이 32.98㎢다. 보길도는 산봉우리가 뛰어나게 잘생겼고, 기암괴석으로 이루어진 섬이다. 해발 430고지 격자봉에는 평균 난대지방의 희귀식물 200여 종이 분포되어 있고, 끝없이 넓고 푸른 바다는 도시사람들에게 좋은 휴식처가 된다. 철따라 동백꽃과 진달래, 춘란, 벚꽃 등이 만발하는 아름다운 섬이다.

고산 윤선도는 배를 타고 제주도로 귀양을 가던 중 보길도의 산을 둘러보고 그 산세의 아름다움에 취해 보길도에 정착해서 〈어부사시사〉를 지었고 이 섬에서 머물면서 인재양성에 힘을 쏟았다고 한다.

우리가 먼저 오른 길은 동천석실이라는 곳이었다. 오르는 길이 30여 분 등산로 겸 오솔길이다. 그 길 중 15분 정도는 동백나무숲이라는 게 이색적이었다. 어느 섬이나 마찬가지겠지만 동백꽃이 많이 핀다는 여수오동도, 한려수도, 선운사를 무색하게 하는 부영리(동천석실) 보길도는 어느 곳이나 동백꽃이 아름답다. 숲길을 따라 오르니 윤선도가 바위틈에서 나는 물을 길어다 차를 달였다는 샘이 있었다. 시원한 석간수를 한 모금 마시니 피로가 싹 가셨다.

석실 소나무 그늘에 앉아 산바람에 취해 있으려니 일어설 생각이 나지 않는다. 적자산의 넉넉함을 감싸안은 부용리마을의 평온함을 한눈에 느낄 수가 있었다. 송시열이 유배 기간 동안 고향을 그리워하는 마음으로 새긴 글 우단임시암(해변 바위 위에 쓴 글)을 만날 수 있었다.

예송리의 아름다운 조약돌에도 전해내려오는 전설이 있었다. 김씨 성을 가진 집안에 사내아기가 태어났는데 날개를 달고 태어났다. 깜짝 놀란 부모는 장수가 나면 삼족이 멸한다는 소문을 듣고 그 아이를 도구통(절구)에 넣고 도굿대로 짓이겨 죽여버렸다고 한다. 아기장수가 죽자 군대를 앞세우고 붉은 깃발을 들고 달려오던 섬이 멈춰 서서 안장섬과 갈마섬이 되었더란다. 그 뒤 왕이 태어나기를 기다렸지만 아직도 왕이 태어나지 못한다는 전설이다.

그래서 보길도 해변의 수많은 돌들은 아기장수에게 달려가다 아기의 죽음과 함께 그 자리에 모두 멈춰서버린 병사들이라는 전설이 지금도 전해지고 있다.

사람들 무슨 생각을 하든지 섬들은 그저 무심하기만 하다. 바다는 철썩이던 파도를 뒤로하고 다시 평온을 되찾는다. 오늘 몇십리 길을 차로 달리며 아름다운 자연을 감상하면서 보길도를 보고, 듣고, 느낄 수 있어 좋았다.

아름다운 섬 보길도가 옛날에는 많은 사람들의 유배지였지만 이제는 섬을 사랑하는 사람들이 많이 찾아오는 관광자원이 되고 있다. 이 보길도가 개발이라는 미명 하에 더 이상 훼손되지 않고 후손에게 물려지기를 바라는 마음 간절했다. 이 다음에 다시 찾아와도 바닷물에 발을 담그고 갯돌 밭에서 물이 빠질 때 듣던 자갈 구르는 소리를 다시 들을 수 있을까?

―2005년 『행촌문학』 발표.

네잎클로버

시커먼 구름이 하늘을 덮더니 이내 후두두둑 소나기가 줄기차게 쏟아진다. 갑작스런 소나기는 대지에 웅덩이를 만들더니 시냇물이 되었다가 강물이 되어 바다로 향한다.

오늘은 제헌절이자 토요일. 모처럼 쉬는 주말, 그야말로 황금의 연휴다. 비가 내리는데도 예정대로 김제 청운사의 백련白蓮 구경을 떠났다. 어느새 자랐는지 김제 들녘은 모들이 초록색으로 변해서 튼실하게 자라고 있었다. 바람결에 팔랑팔랑 움직이는 벼의 모습은 보기만 해도 풍년을 노래할 수 있었다. 들녘엔 풍성한 가을을 기대하는 농부들의 소망이 가득 차 오르고, 논 가운데서 한가롭게 거니는 백로들의 모습은 한 폭의 그림 같다. 도로변 길섶에는 무궁화와 원추리꽃이 아름다운 자태로 손을 흔들며 우리 가족들을 환영해주는 듯했다.

청운사로 들어서는 진입로는 노란색 달맞이꽃과 개망초, 나리꽃, 족두리, 서광, 사르비아, 맨드라미 그리고 계절을 앞당겨서 피는 코스모스와 들꽃들이 한껏 맵시를 뽐내며 우리의 눈길을 잡는다. 푸른 언덕엔 빽빽한 소나무들이 장마로 인해 한 뼘씩이나 자란 듯싶고 바늘 같은 잎새들이 금방 세수를 한 듯 싱그러운 모습으로 다가서고, 골짝엔 물안개가 연기처럼 가득 피어나고 있었다. 한 폭의 동양화처럼 단아하고 청아한 정경이었다.

야트막한 곳에 자리잡은 청운사의 앞뜰 연못엔 백련이 수줍은 듯 미소를 짓고 있었다. 연잎에 맺힌 물방울들이 또르르 구슬처럼 구르고 있다. 백련은 고고하고 우아한 귀부인 티가 났다. 비를 맞으며 서 있는 백련은 청아하다 못해 고독해 보였다. 청상과부의 소복 같은 백련은 붉은 연꽃이나 다른 색깔의 꽃들과 만나면 금방이라도 물들어 버릴 것 같다. 비구름을 몰고 오는 바람결에 사시장철 푸른 소나무와 대나무는 의연한 모습으로 동산을 지키고 있고, 숲에서 불어오는 바람은 휘파람 같은 소리를 내질렀다. 한여름 대낮임에도 불구하고 적막과 고요를 자아낸다.

돌아오는 길엔 비가 게릴라성 장맛비로 변해서 한 발짝도 걸을 수가 없었다. 남편은 시어머니를 모시기 편하도록 승용차를 가까이에 주차시키겠다고 기다리란다. 절에서는 화가들과 시인들이 모여 시화전을 준비하고 있었고, 한쪽에서는 여인네들이 청운사의 백련축제 음식준비를 하느라 바쁘게 움직이고 있었다.

자갈밭에서 몇 발짝을 떼니 잔디밭이다. 바로 앞자락에는 일명 토끼풀이라는 클로버가 예쁜 꽃을 피우고 있지 않은가? 어린 시절 토끼

풀로 꽃시계와 꽃 화관을 만들어 썼던 추억이 그곳에 머물고 있었다. 천천히 허리를 구부리고 앉아서 클로버를 만져보았다. 푸르고 연한 잎은 예전 그대로의 모습이었다. 아!! 보기 힘든 네잎클로버가 내 눈에 띄었다. 행운을 가져다준다는 네잎클로버! 얼마 만인가?

언제 왔는지 남편이 클랙슨을 울리며 빵빵거린다. 난 그 클로버에 흠뻑 취했다. 세잎클로버는 행복이고, 네잎클로버는 행운이란 꽃말을 갖고 있다. 오늘 찾아온 네잎클로버를 책갈피에 꽂으며 나는 깊은 생각에 젖었다. 세잎클로버처럼 우리는 늘 행복한 삶을 살면서도 그게 행복인지 모르고 살았던 것은 아니었을까?

어쩌다 찾아오는 행운이 비정상적인데 그 행운을 정상적인 것처럼 여기지는 않았을까? 세잎클로버의 숫자는 네잎클로버에 비해서 훨씬 더 많으리라. 정상적인 삶, 소중한 삶이라는 것을 깨닫지 못하고 어쩌다 찾아오는 행운이 행복인 것처럼 살아가는 삶은 아니었을까. 오늘 나는 백련을 보러 갔다가 우연히 네잎클로버를 만났다.

행운의 네잎클로버를.

—『도민일보』, 『행촌수필』 게재(2004.7.20.)

살며 사랑하며

그날! 나는 소풍을 기다리는 어린아이처럼 들뜬 마음으로 아이스박스와 또 다른 바구니에 먹을 것과 입을 것을 가득 가득 채워놓고 밤잠을 자는 둥 마는 둥 뜬눈으로 새웠다. 새벽 6시부터 서둘러 선유도행 배에 몸을 실었다. 망망대해로 떠나는 배, 하얗게 부서지는 파도와 창공을 나는 갈매기 떼, 나는 이러한 세계가 있음을 알지 못하는 사람처럼 일에 묻혀서 살아왔다.

우리가 도착한 시각은 오후 3시. 점심 겸 간식으로 라면을 끓여 먹었다. 그 시간 이후 비가 많이 내려서 우리는 꼼짝도 하지 못하고 숙소에만 머물러 있어야 했다. 떨어지는 빗소리를 음악삼고, 타향처럼 느껴지는 곳에서 낯선 그리움을 발견하면서도 내가 살아있음을 감지하고, 내 가족과 함께 하고 있음이 고맙고 감사했다. 잠시 빗소리는 멈추었고 한 줄기 빛이 창가로 스며들었다. 석양의 고운 노을빛을 보며 긴장감을 풀고 휴식을 취할 무렵, 푸드득 날갯짓과 함께 울어대는 매미소리는 왜 그리도 요란했는지.

도저히 잠을 이룰 수가 없어서 비옷을 챙겨 입고 바다로 나갔다. 고요한 밤하늘과 밤바다! 금방이라도 나를 삼켜버릴 것 같았지만, 바다는 다시금 잔잔한 물결을 이루었다. 우리 모두에게 평온함과 어머니 품 같은 사랑으로 물미역 냄새와 짜릿하고 비릿한 내음을 바람결에 선물로 주었다.

다음날 아침, 비는 멈추었고, 자전거 보관소에서 자전거를 빌려 가까운 할매바위 섬까지 아침의 싱그러운 바람을 맞으며 즐거운 하이킹을 했다. 언제나 아침 밥맛이 없다고 투정부리던 아이들도 거뜬히 밥 공기를 비웠다. 아침운동이 이래서 좋은가 보다. 아침식사를 마치고, 호미를 들고 체험현장인 갯벌로 나섰다. 구멍이 뚫려 있는 곳에 소금을 넣으면 쏘옥 쏘옥 올라오는 죽합을 잡는 재미가 쏠쏠하다. 물 미역, 작은 소라, 불가사리, 바다우렁 등을 아이들과 부담 없이 함께 캘 수 있는 시간은 너무도 즐겁고 행복했다.

점심을 먹고 난 후, 바다는 밀물로 인해 출렁이는 은빛의 넉넉한 모습을 우리에게 보여주었다. 돌아오는 길에도 여전히 바다는 잔잔하고 나지막한 소리로 나에게 말해준다. "삶은 아름다운 것이며, 너 자신이 귀중한 것이라고. 힘든 삶일수록 나눔을 생각하라고. 조개가 아픔을 갖고 살면서 진주를 만들어내는 것처럼 때때로 힘이 들다고 느껴질 때 가족과, 불우한 이웃들을 생각하며 소중하고 귀한 존재임을 깨달아야 한다고."

한수산의 〈내 삶을 떨리게 하는 것들〉이란 소설의 한 구절이 떠오른다.

"어디서, 누군가와 함께, 무엇을 하면서 살아갈까요? 우리는 늘 그런 생각 속에 묻혀 살아갑니다. 그러나, 늘 잊지 말아야 할 것은 '무엇을 하며 사는가?' 하는, 작지만 단단한 물음이 아닐까요? 그리고 거기에 실패를 두려워하지 않는 자신에 대한 믿음이 있으면 되는 것이 아닐까요?"

아름다운 세상을 살며 이웃을 사랑한다는 것은 가치 있는 일이다. 나와 너, 우리라는 테두리 안에서 상부상조하면서 보다 밝은 미래를 위해 멋진 삶을 살아야겠다고 다짐해 본다. 1박 2일의 선유도 나들이를 통해서 가족사랑, 협동을 생각하고 세상을 바라보는 나의 눈에 다시금 사랑의 렌즈를 끼울 수 있었으니 소풍날 기다리는 소녀의 마음으로 지샌 날이 아깝지 않다.

아름다운 섬 베네치아

떠나는게 못내 아쉬워 자꾸 뒤돌아보게 만드는 아름다운 섬 베네치아! 베네치아는 건축 공학적 도시 그대로를 느낄 수 있는 섬이었다. 그 섬에 해상공화국을 건설했다. 120개의 섬이 400개의 다리로 연결되어 만들어진 세계 유일의 도시가 베네치아다.

15세기 동안의 역사를 그대로 느낄 수 있도록 끝없는 매력을 뿜어내고 있는 도시가 바로 베네치아다. 고유제도를 창안하여 1000년 군주국의 정치제도를 세운 곳이 인위적인 도시 베네치아다.

작열하는 태양은 남국의 열매를 영글게 하고, 은빛 여울이 고운 아름다운 섬 베네치아! 출렁이는 바다는 속내를 감춘 홍위병마냥 서성인다. 베네치아는 1,450년의 역사를 가졌다고 한다. 바다 위의 도시! 기원전 425년, 소금물에 불린 백향목을 박아 대리석으로 700년 동안 바다 위에 건물을 지은 곳이 베네치아다. 세계에서 가장 아름다운 응접실이라고 불리는 도시가 바로 베네치아다.

베네치아는 파틴의 성인인 마르크(마가)의 유해를 모셔옴으로써 종교국가로 입증되기도 했다. 500개가 넘는 석주들과 4,000평방미터를 장식하는 거대한 모자이크들, 여러 세기 동안 여러 종류의 건물을 세운 다양한 건축양식은 환상적이다. 비잔틴양식과 고딕식 동물들과 네필의 청동 말이 눈길을 끈다. 산마르코 광장은 극장이자 명예로운 궁정이며 베네치아의 심장이다. 이곳은 종교의식, 행진, 축제, 공연, 처형의 행사가 이루어지는 곳이며, 매년 6월 1일에는 '바다의 사령관' 진출 의식이 행해진다. 카니발 시기에 산마르코 광장은 다시 한번 모습을 바꾼다. 그때의 광장은 거대한 하나의 무대가 되어 황소, 이륜차, 허풍장이 경매인들의 가면들, 도요새 모양 등 이국적인 사나이들로 가득 찬다. 그날은 귀족과 천민 모두가 신분의 구분 없이 가면을 쓰고 하루를 즐기며, 광장에 선 사람들의 시선은 대성당의 풍요로움으로 이끌린다.

중세의 도시 역사는 산마르코 대성당을 전면으로 해서 검찰청과 도서관, 장밋빛 레이스의 아름다운 두발레궁으로 이어지고, ㅂ자 모양으로 세워진 고딕식 문으로 날개 달린 사자와 도제 프렌체스코 포스카라의 조각으로부터 건축문화가 시작된다. 그곳에서는 아름다운 음악의 연주자들과 그림을 그리는 화가들이 1년 내내 산마르코 광장에서 그들의 솜씨를 선보이며 지낸다고 한다. 또한 베네치아 중심부인 살루테이성당과 성 요한과 성바울성당, 아카데미미술관에 있는 유능한 초상화가 젠틸레의 〈떨어진 십자가의 기적〉이라는 끝없는 예수의 작품들과 조각가들의 작품 그리고 거대한 아라찌(직조로 된 벽걸이 장식)는 귀족들의 삶과 멋과 혼란스런 인간들의 근성을 연출한 것으로 아직도 뇌리에 선연하다. 축제를 연출한 작품들에서는 중세문화의 고풍스러움이 묻어났다.

많은 다리 중에서 여행자들의 관심을 끌고 있는 '탄식의 다리'는 두칼레궁의 법정과 연결되어 있었고, 그 다리는 운하와 1600년대에 건축된 새 감옥 사이에 있었다. 1500년대 공화국에 의해 만들어진 비좁고 비위생적인 이 감옥은 궁 안에 있다.

안토니오 다 폰테에 이어 안토니오 콘틴에 의해 만들어진 이 다리는 이스트리아에서 가져온 대리석으로 만들어졌다. 유죄선언을 받은 죄수들이 다리를 건너기를 강요받기 때문에 두칼레궁에는 수감된 죄수들이 두려워하는 감옥과, 납으로 된 관이 천장에 있는 피옴비라고 부르는 감옥이 있다. 이 두 개의 감옥은 눅습하고 비좁고 비위생적이어서 죄수들은 지옥의 삶처럼 고통스러워했다고 한다.

이 감옥은 종종 고문 후에 가두어 두었으므로 '고통의 방'이라고도 불렀다고 한다. 종교 모독죄로 수감되었던 난봉꾼 쟈코모 카사노바의 〈비망록〉이 그 처절한 상황을 증언하고 있다. 두칼레궁은 그런 고통이 있었으나 아직도 아름답고, 사자의 입에 투서를 넣어 고발을 할 수 있었던 '보께 디 레오네'라는 악명 높던 사자의 입을 볼 수도 있으며, 감옥의 벽에는 수많은 그 시대 수인들의 어둡고 괴로운 낙서들이 휘갈겨져 있다.

관광객들의 흥을 돋우어주는 곤도라 관광도 빼놓을 수 없는 구경거리였다. 귀족의 마차 모양의 곤도라(작은배)나 노 젓는 곤도라를 타고 상큼한 푸른 바닷바람을 맞으며 베네치아 도시 내부를 샅샅이 구경할 수 있는 시간 또한 환상적이었고, 배 안에서 곤도라의 악사들이 연주하는 베네치아 특징적인 음악을 듣는 것도 즐거운 일이었다. 하지만, 조금씩 수면이 높아져 건물들이 침식되고 그로 인해 주민들이 자꾸만 육지로 이주하고 있어 걱정이라고 했다.

자연을 만들고 통제하는 신, 신을 닮고자 하는 인간들의 노력은 눈부신 건축문화를 낳았고, 거대한 인공의 섬 베네치아를 탄생시켰다. 그러나 신의 영역을 침범한 인간에 대한 신의 분노인지 형벌인지, 베네치아는 조금씩 가라앉고 있다고 한다. 그렇다면 우리 후손들은 교과서에서만 이 아름다운 섬의 이름을 들을 수밖에 없을 것인가.

베네치아가 신의 가호로 영원히 아름다운 섬으로 남아 있기를 빌 따름이다.

에펠탑과 세느강

여행을 잘하면 백 권의 책을 읽는 것보나 낫다는 발이 있다. 인파에 밀려 베르사이유 궁전을 둘러보고 에펠탑으로 향했다. 에펠탑과 세느강 유람은 선택 관광이어서 80달러씩 더 냈다.

말로만 듣고, 사진으로만 보았던 에펠탑을 찾으니 입이 다물어지질 않았다. 하늘 위로 우뚝 솟아있는 에펠탑의 모습은 위압감과 놀라움을 자아냈다. 에펠탑 광장에는 수많은 사람들이 줄을 서서 기다리고 있었다. 그러나 우리는 미리 예약을 해두었기에 별로 기다리지 않고 엘리베이터로 300m 최고층 전망대까지 올랐다. 엘리베이터가 올라갈수록 시가지는 점점 넓게 보였다.

중간에서 엘리베이터를 한번 갈아탄 후에야 최상층 전망대에 다다르니 파리 시가지가 한눈에 들어왔다. 콩코드광장, 루블 박물관, 베르

사이유 궁전, 샹제리제 거리, 개선문 등이 시야에 잡혔다. 파리 시내가 한눈에 내려다보이는 에펠탑전망대에서 아름다운 광경을 한 컷 사진에 담아보기도 했다.

이 에펠탑은 1889년 파리 만국박람회 때 에펠이 설계하여 세웠는데, 27개월 공사기간 중 단 한 건의 사고도 없었다고 한다. 에펠탑의 높이는 320.75m이며 제1전망대는 57m, 제2전망대는115m, 제3전망대는 274m라고 한다. 모파상은 에펠탑 1층에 있는 레스토랑에 자주 와서 식사를 하곤 했는데 그 이유를 "나는 에펠탑이 보기 싫다. 그런데 파리에서 에펠탑이 보이지 않는 곳은 유일하게 이곳밖에 없기 때문이다."라고 농담을 했다고 한다. 사실 파리 어느 곳에서도 이 에펠탑이 보이지 않는 곳은 없다.

낫트 모양의 계단을 타고 올라가 보니 거기에는 설계자가 약 3년 동안 살았다는 조그마한 방에 실물과 똑같은 크기로 아내의 시중을 받고 있는 에펠의 밀납인형이 있었다. 실제 살아있는 인물처럼 실핏줄 하나하나를 재현해 놓았다.

에펠탑 전망대에서 파리 시가지를 내려다보며 생각했다. 오늘날에 이처럼 각광을 받고 있는 이 에펠탑이 당시에는 도시경관을 해친다는 여론에 부딪혀, 에펠은 3년 동안 높은 탑 속에서 살아야만 했다고 한다. 만약 그때 여론에 굴복했더라면 이 에펠탑의 운명은 어떻게 되었을까. 이도령과 춘향이가 남원 광한루원에서 그네를 타고 놀 때에 프랑스에선 에펠탑이 세워졌다고 생각하니 그들과 우리나라와의 문화적 격차를 실감할 수 있었다.

내려와서 사진을 찍으려고 하니 에펠탑이 너무 커서 배경으로 넣을 수가 없었다. 저녁에 세느강을 유람할 때 배에서 찍으면 된다고 해서 저녁을 먹고 세느강 선착장으로 이동했다.

파리를 가로지르는 세느강. 파리는 타원형의 도시로, 긴 쪽이 약 11km이고 짧은 쪽은 8km라고 했다. 세느강은 서울의 한강에 비하면 수량이나 강폭이 비교할 수 없을 정도로 작다. 그러나 잘 가꾸어진 세느강변의 시가지 풍경은 역시 파리가 예술의 도시라는 이름에 부끄럽지 않게 무척이나 아름다웠다. 가로수는 넓은 잎의 플라타나스와 마로니에가 가을의 정취를 물씬 풍겨주고 있었다. 세느강의 휘어드는 부분에 시테섬과 생루이섬이 있고 도심에 흐르고 있는 세느강은 파리의 구역을 정하는 기준이 된다고 했다.

배를 타고 세계적으로 이름난 명소들을 둘러봤다. 에펠탑, 노틀담 사원, 뽕네프 다리 등. 배 위에서 차가운 강바람을 맞으며 노틀담 성당을 지날 때 한 컷의 멋진 사진을 찍지 않을 수 없었다.

세느강에는 32개의 다리가 있는데 다리마다 예술적인 조각으로 장식되어 있어 모두 아름다웠다.18세기 말까지만 해도 이 가운데 두 개만 제외하고는 모든 다리에 아파트가 있었으나 도시의 미관을 해치고 공기의 소통을 막는다고 해서 모두 철거되었다고 한다.

세느강에 있는 유명한 다리로는 '미라보다리 아래 세느강은 흐르고 우리네 사랑도 흐르네.'라는 아폴리네르의 유명한 시로 잘 알려진 '미라보다리'가 있고, 영화 〈퐁네프의 연인들〉로 잘 알려진 퐁네프, 파리 만국 박람회 때 생긴 다리로 앙발리드와 그랑 팔레를 연결하는 알렉상드르3세다리, 영화 〈파리의 정사〉에서 보았던 위층에서 지하철이 달리는 2층 다리인 비르아켐다리 등이 있다.

세느강의 유람선에서 보는 여러 경관 중 압권은 아무래도 에펠탑이었다. 하늘 높이 치솟은 장엄한 모습은 참으로 장관이었다. 유람선에 올라 세느강을 떠다니다 보면 저절로 샹송이 들려서 조용히 따라 불러보기도 했다.

세느강의 배 위에서 찍은 에펠탑! 낮에 본 에펠탑보다 야경이 더욱 더 눈부시도록 아름답다. 그날 밤은 밤하늘의 수많은 별들이 유난히도 반짝이고 초승달이 조각되어 있었다. 아름다운 별 같은 조명이 혼란스러울 정도로 에펠탑의 야경은 화려했다. 에펠탑을 진하게 화장을 한 요부의 모습이라고 표현한 가이드의 설명에 고개가 끄덕여졌다. 파리의 밤은 너무도 화려했다.

지금의 파리 도시형태는 1789년 오스만 남작에 의해 이루어졌기 때문에 파리건물 양식을 오스만 방식이라 부른다. 6층 이상 건물은 지을 수 없고 고층건물은 신도시에만 지을 수 있다. 몽마르뜨 언덕에 오르면 많은 화가들이 관광객들을 대상으로 그곳에서 그림을 그리고 있다.

노틀담사원의 한쪽 귀퉁이에는 빅톨 위고와 노틀담의 꼽추에 나오는 콰지모도, 알델센 동화의 주인공인 인어공주의 모델이 되었다는 조그마한 조각이 붙어 있었다. 성당의 특징을 보면 파리는 모자이크창(스테인드 그라스)이 화려하고, 로마는 모자이크 대리석이 눈길을 끌었다.

이어서 몽마르뜨언덕에 있는 성심성당, 콩코드광장, 루블박물관 등을 구경하였는데 루블박물관에서는 레오날드 다빈치의 〈모나리자〉와 다비드의 〈나폴레옹 대관식〉 등의 명작들을 감상할 수 있었다. 명화

인 〈모나리자〉 앞에는 관람객들이 꽉 차 있었다. 유명세를 톡톡히 치르고 있구나 싶었다.

로마는 2천 년 전의 건축물이고, 파리는 기간이 짧은 400~500년 전까지의 건축물로 되어 있어 규모는 작으나 좀더 섬세한 아름다움을 주었다. 로마는 종교적 냄새가 강한 건축물과 예술품들이라면 파리는 인본주의적인 건축물과 예술품으로 가득 차 있다고 말할 수 있다.

세계 3대 박물관이라면, 종교 박물관인 바티칸박물관과 세계 여러 나라에서 약탈해온 해적박물관인 대영박물관, 미국의 스미소니언 박물관을 일컫는데 예술작품의 대명사인 루블박물관도 그에 못지않았다. 이번 여행은 유행의 도시 파리를 둘러보고 안목을 넓힐 수 있어서 좋았다. 낭만적이고 아름답게 가꾸어진 예술의 도시 파리에서 넓힌 견문을 예향이라는 내 고장 전주를 위해 어떻게 풀어낼 것인가 그것이 문제다.

—『행촌수필』 발표(2003. 10. 10.)

이탈리아 그리고 피렌체

유럽 여행에서 빼놓을 수 없는 곳이 이탈리아, 그 중에서도 로마라고 한다. 로마는 오랜 세월 세계사 한 페이지를 장식하며 발길 닿는 곳마다 역사와 문화의 흔적이 배어 있어 유럽을 대표하는 도시로 자리매김을 하고 있다.

"모든 길은 로마로 통한다." 는 어느 시인의 옛말처럼 로마는 유럽을 여행하는 이들의 시작과 끝을 함께하고 있기도 하다. 여행은 언제나 설렘으로 가득하다. 그 중에 로마는 더 그런 것 같다. 차와 사람으로 북적거리는 곳에는 언제나 악명 높은 소매치기가 득실거린다는 이야기에 마음이 편안할 리는 없지만, 낯선 도시와 수많은 영화와 책 속에 등장한 로마를 직접 볼 수 있다는 점이 여행자들의 뇌를 즐겁게 하기에 충분하다.

영화 〈로마의 휴일〉은 여행자들에게 로마가 가장 낭만적인 도시로 꼽히는 데 가장 큰 구실을 했다. 영화 속에 등장한 스페인광장, 콜로세움, 진실의 입 그리고 트레비 분수는 지금까지도 여행자들의 필수 코스로 손꼽히고 있다. 로마를 방문하기 전 로마의 휴일을 감상하고 영화 장면들을 찾아 50년 전과 지금을 비교해 보는 것도 의미 있는 여정이 될 수 있으리라.

로마는 수백 년 전의 세월 동안 세계 중심지였던 유서 깊은 장소가 산재해 있고 도시 전체가 거대한 유적지라 해도 과언이 아니다. 로마 상징 콜로세움과 바티칸시국 등은 로마의 과거를 느낄 수 있기에 충분한 곳이다.

로마, 특유 분위기를 제대로 느끼고 싶다면 건강한 두 다리를 이용한 도보 여행이 가장 좋으리라. 작은 도시는 아니지만 대부분 명소가 걸어서 갈 수 있는 곳에 위치하고 있기 때문이나.

로마 여행은 테르미니 역에서 시작되며 테르미니 역을 출발해 걷다 보면 가장 먼저 만나게 되는 곳이 스페인 광장이다. 17세기에 스페인 대사관이 있던 곳이라 스페인 광장이라는 이름이 붙여졌다고 한다. 오드리헵번과 그레고리 펙이 처음 만나는 장소인 광장 계단 주변에는 늘 사람들로 북적이고 젤라토를 파는 가게들과 거리의 악사들로 붐비는 곳이기도 하다.

스페인 광장부터 로마 북쪽 관문 포폴로 광장까지 이어지는 길은 다양한 쇼핑몰과 화려한 볼거리로 가득해 한가롭게 걸으며 산책하기 좋다. 스페인 광장에서 10분 거리에는 여행자라면 꼭 한번 찾게 되는 트레비 분수가 자리하고 있다. 중앙 조각상들은 바다의 신텝툰과 그를 호위하는 트리톤을 형상화한 것으로 분수의 화려함으로 인해서 몇 번이고 감탄하게 된다. 분수를 등지고 동전을 던지면 로마에 다시 오게 된다는 전설이 있어 소원을 빌며 동전을 던지는 여행자들의 모습을 많이 볼 수 있다. 나 또한 다시올 수 있기를 기원하는 뜻에서 동전을 던지지 않을 수가 없었다.

소박한 조형물에 불과했던 진실의 입은 로마의 휴일로 인해 세계적인 명소로 발돋움한 대표적인 곳이다. 강은 해신 트리톤의 얼굴을 조각한 대리석으로 조각상 입에 손을 넣고 거짓말을 하면 손이 잘린다는 웃지못할 흥미진진한 이야기가 긴장감을 주는 유명한 전설이 있다.

그 중 교황이 다스리는 나라 바티칸 시국은 하루 정도 시간을 내어 돌아보는 것이 좋다고 한다. 그 이유는 가톨릭 교인들에게는 가톨릭 본거지인 성스러운 곳이기도 하지만 미켈란젤로와 라피엘의 작품을 소장하고 있는 이탈리아 미술의 집결지이기도 하기 때문이다.

바티칸에 들어서면 제일 먼저 성베드로 광장을 만나게 되고, 광장 너머에는 성베드로 성당이 보인다. 성당 안으로 들어서니 원형의 돔 내부와 아름다운 조각품들이 어우러져 숨을 쉴 수 없을 것 같았지만 미켈란젤로 친필 서명이 새겨진 피에타 상을 만나니 책으로밖에 볼 수 없는 작품에 감동이 되었다.

돌아가신 예수님을 무릎에 안은 성모님의 얼굴을 자세히 살펴보니 평안함과 젊은 모습으로 표현되어 있다. 이렇게 젊게 표현된 이유를 미켈란젤로의 제자였던 아스카니오 카우디비가 그의 스승에게 물었을 때 이렇게 대답했다고 한다.

'정결한 여자들은 무릇 그 정결함을 고귀하게 유지시켜야 하지 않겠느냐? 동정녀로서 잉태하신 성모님의 정결함은 세상의 어느 것과도 비교할 수 없지 않겠느냐?'

천주의 모친이신 성모님의 모습을 젊고 아름답게 표현한 것은 하나님의 부르심을 받은 분이시기 때문이다.

그러나 예수그리스도의 모습을 보아라. 그분은 하나님으로부터 사람과 똑같은 모습으로 세상에 파견되었으며 사람들의 죄 때문에 십자가에 달리시는 고통을 받으셨다.

그분의 처절한 모습을 재현함으로써 그 분을 보는 이들로 하여금 양심의 성찰을 일으키게 하려는 것이 미첼란젤로의 의도가 아니었을까? 나는 한 예술가를 바로 나의 생각대로 재조명해 보면서 르네상스의 마지막 대가였던 미켈란젤로를 그저 조각가나 건축설계사로만 볼 수 없는 까닭이다.

그의 예술 세계는 바로 그의 깊은 신앙심을 바탕으로 하였을 것이며 그러기에 백 년이 지난 지금까지도 경이적인 찬탄을 받고 있는 것이 아니겠는가?

피에타를 통해서 다시금 죄 없이 고통 받으셨던 예수님의 모습을 생각하게 된다.

무릉도원 이화원

중국기행(1)

연록의 잎들이 예쁘게 피어나 온통 세상은 연둣빛이다.

6월의 첫날 높푸른 하늘이 유난히 돋보이게 푸르다. 비행기 밑으로 내려다보이는 지상은 맑은 바닷속처럼 훤히 보여졌다가 갑작스런 먹구름이라도 밀려올 때면 검정색 물감을 덧칠한 양 지상이 보이질 않는다.

그러나 바람결에 구름이 비켜설 때면 온통 지상은 바둑판 모양처럼 보인다.

지상에서 무엇이든지 크다고 뽐내 보았자 위에서 보니 별 다를 게 없다. 순간 권력을 갖고 있다고 위세부리는 사람들이나 돈이 좀 있다고 폼을 잡는 사람들을 생각해본다. 즉 부자나 빈자나 도토리 키재기인 셈이다.

평소에는 잘 느끼지 못했던 것들이지만 비행기를 타고 지상을 바라볼 때 매번 느끼게 되는 감정이다. 때문에 하늘길은 겸손의 미학을 배워가는 통로이다.

5월을 계절의 여왕이라 불리는 우리나라와 중국의 기온은 큰 차이가 없다. 우리나라의 풍경처럼 북경의 거리에는 장미꽃 대신 찔레꽃이 부분적으로 무리를 지어 예쁘게 피어 있었다. 가로수로는 측백나무가 눈에 많이 띄어 물어보니 중국의 토양에 측백나무가 가로수로 맞다는 가이드의 설명이다.

우리 일행은 첨단 공원 중에 하나인 '이하원'이라는 곳을 먼저 들렀다. 서태우라는 여인의 별장이라는 곳, 이하원은 총면적이 294m이며 인공호수가 반 이상을 차지하는 듯하고 여름엔 보트를 타고 겨울엔 스키를 탄다던 화려한 여름별장의 아름다움이 있었다.

동관문을 들어서니 "어진 자는 장수한다."는 반수무강의 기원을 의미하는 글귀가 쓰여 있다. 인수전 앞에 있는 사불상 형상은 용의 머리, 사슴의 뿔, 말의 발 사자의 꼬리를 가지고 있는 상상의 동물이었다. 그곳을 뒤로하며 요월문 장낭에는 8천여 점의 그림이 그려져 있다. 서태후가 이곳을 거닐며 인물, 산수, 꽃, 새 등이 그려진 그림을 감상했다고 한다. 곤명화 인공호수에 이어 산 위에 있는 건물은 서태후가 머물러 갖은 기행을 했다는 낙수당이다.

서태우라는 여인은 남편이 죽자 아들을 살해하고 조카까지 살해한 후 부귀영화를 위해서 머리 좋은 내시를 들여 지혜를 얻어 일생을 호화롭게 지내기 위해서 만든 공원이었다. 모형과 형태가 우리 전주의 덕진공원과 비슷하고 예쁘게 잘 가꾸어 놓았는데 서태우라는 여자가 세상을 떠난 후 공원화하였다고 전한다.

우리 일행은 함께 배를 타고 불어오는 바람결에 땀을 식히며, 싱그러운 바람을 맞으며 생각에 잠겼다. 호랑이는 죽어서 가죽을 남기고 사람은 죽어서 이름을 남긴다는데 이름을 남기되 악덕한 이름을 남겨서는 안 되겠다는 생각이 들었다.

중국이라는 나라가 서태우의 미인계로 장장 몇십 년 동안 발전이 되지 못했다고 전한다. 국가적으로 얼마나 큰 손해이며, 참으로 다른 나라의 역사이지만 바르지 못한 한 여인의 아름답지 못한 삶이 안타까울 뿐이다. 중국을 그만큼 발전시키지 못한 삶으로 낙인이 찍혀져 있는 그를 어찌할꼬. 이 공원을 탐방하면서 '인생의 삶의 주제를 어떻게 정하고 살아야 되나.'나 자신을 돌아보았다.

만리장성을 가다

-중국기행(2)

안개가 깔린 하늘이지만, 왠지 금방이라도 비가 뚝뚝 쏟아져 내릴 것 같은 기세였다. 그래도 불어오는 바람결은 상큼하면서도 향긋하다. 케이블카를 타고 산 아래를 내려다본 풍경은 이루 말할 수 없는 장관을 이루었다.

말로만 들었던 만리장성 산의 능선을 따라 지형을 살려서 성벽을 쌓고 그 성벽을 연결해서 어떻게 장성을 만들었는지 정말 그 광경에 입이 벌어질 뿐이다. 중국의 고대 중요한 군사시설로 길이가 무려 6,700km나 된다고 한다. 지도상의 연장거리는 2,700km 정도인데 만리라고 하는 이유는 중국의 거리 단위 리(里=0.5km)로 환산했기 때문이다.

만리장성은 세계적으로 손꼽히는 거국의 역사이며 중국의 모택동

수상은 만리장성을 칭하여(不 리長非 好漢) 장성을 오르지 않고는 사내대장부라 할 수가 없다, 라는 말을 남겼다. 중국하면 번개처럼 떠오르는 생각이 있다면 아마 만리장성이지 않을까? 중국의 역사도 우리나라의 역사에 못지않게 참 오묘하기도 하고, 우리나라와 엇비슷한 점이 많아 알아가는 재미가 쏠쏠하다.

우리 일행은 30분간 탄 케이블카에서 내려 드넓게 펼쳐진 만리장성을 배경으로 "찰칵" 몇 컷을 한 후 자리를 옮겼고, 이 성에 대한 설이 많이 있지만 한 부분이 마음에 와 닿는다. 임금에게는 몇십 명 넘는 첩이 있었지만, 그 중에 절세미인 지를 가장 사랑하였다고 한다.

그런데 지는 웃음이 없고 늘 근심스러운 표정의 사람이었다고 한다. 그래서 임금은 '이 여인에게 웃음을 주는 자에게는 큰상을 내리겠다.' 라고 방을 내걸었다. 마술사란 마술사들은 다 찾아들었지만 그녀에게 웃음을 주는 사람은 없고, 그는 늘 싸늘한 표정이 계속되었다. 마지막으로 찾아든 마술사가 봉화로에 불을 붙였다. 군사들은 몰려왔지만 그 사정을 안 군인들은 어처구니없다는 듯 힘을 잃고 돌아갔다. 그 모습을 본 지는 피식 웃었다고 한다.

그 웃음을 본 임금은 그녀의 웃음을 보기 위해 거듭 그 일을 몇 번씩이나 반복해서 봉화대에 불을 붙였다. 그러자 군사들은 그 일을 몇 번 겪고 나서는 그 일을 등한시하였다. 그런 후 전쟁이 일어나게 되어서 전쟁을 알리는 신호음으로 봉화대에 불을 붙였지만 그 일에 속지 않겠다는 군인들의 생각으로 대처를 하지 않아서 전쟁에 패배를 당하였다고 지금까지 전해지고 있다.

전 세계적으로 어마어마하게 큰 성이었지만 사람의 헛된 욕심으로 인해서 패배를 했다는 유력한 증거로 그 성은 남아 있다. 그 성이 주는 의미는 대단하였다.

많은 세월 동안 누구의 지시였든지 간에 뜻을 같이 나눴던 사실과 모두들 전쟁에서 이겨야 된다는 대단한 인내심이 잠재해 있다. 시냇물이 모여 강이 되고, 강물이 모여 바다가 되듯 인내하면서 쌓은 성이 세계 으뜸인 성으로 중국을 오늘도 지켜가고 있다. 고사성어 중에 "수신제가 치국평천하" 와 "가화만사성" 이 있다. "만리장성"에 관한 일화가 많이 있지만, 유독 그 일에 마음이 쓰이는 것은 그 일처럼 가정일이나 국가적인 일에서 작은 일에 정신을 팔다 보면 큰일을 그르치는 일이 있음을 말해주는 양 싶다.

이처럼 우리들도 여행을 통해서 많은 일들을 보고, 느끼고, 생각할 수 있는 여백을 갖게 되었다. 하찮게 생각했던 일들이 상상 외로 크나큰 회를 불러올 수 있음을 깨닫게 된 셈이다. 즉 신임이라는 게 얼마나 귀중한 것인지를 만리장성의 일화를 통해서 새삼 느낀다. 만리장성을 내려오는 길에 이름 모를 꽃들과 풀들이 많이 있었지만, 그 중 눈길을 한곳에 모이게 했던 꽃은 민들레꽃이었다.

군데군데 무리지어 군락을 이루다시피 피어 있는 꽃들은 마치 나를 아니, 우리들을 반겨 맞이하는 양 싶었다. 우리나라와는 달리 한 박자 늦게 핀 꽃이지만, 그 꽃들은 어떻게 이곳까지 온 것일까. 바람결에 날아온 것일까, 종족번식이 강한 민들레꽃은 삶에 애착이 무척이나 강하다. 이들은 보도블록이나 바위 틈새 할것없이 씨앗이 떨어지게 되면 악착같이 뿌리를 내린다. 꽃에게서 또 하나의 삶의 방법을 배우며 노란 민들레꽃을 만난 기쁨이 크다. 난 속으로 기도했다. '장하다

민들레꽃아 너희들을 통해서라도 대한민국을 세계만방에 알릴 수 있기 바란다.'

그다지 예쁘지 않은 꽃이지만 그들을 통해서 기쁨 한 점을 피워 올리며 만리장성을 내려왔다.

신이 주신 달란트

중국기행(3)

중국의 드넓은 산과 들 신록의 푸르름을 맞으며 호흡하고 즐거운 마음으로 비취공장을 견학했다. 명나라 황제의 무덤이며 세계 문화유산인 지하 9층 정릉을 관람하고 비단공장을 견학하게 되었다.

최고의 질을 자랑하는 중국 비단이 나오기까지의 과정을 보면서 나의 시계를 1970년대로 되돌려보았다. 어린 시절 그땐 너나 할것없이 군단위의 경작산업으로 누에치기를 장려했던 것으로 기억된다. 누에알을 따스한 곳에 두면 3일 후엔 알에서 개미만한 누에가 깨어난다.

뽕잎을 잘게 썰어 주고 누에가 자람에 따라 나누어 놓기에 바빴다. 누에가 자라나는 단계를 잠을 잔다고 표현했다.

그 누에가 잠을 두 번 자고 나면 학생들은 방학이 시작되었던 걸로 기억한다.

언니와 나는 시간이 나면 뽕을 따다 나르기에 바빴던 시절이 있었다. 뽕을 따러 가면 뽕을 따는 일보다 오디를 따 먹는 일에 정신을 더 빼앗긴 탓에 언니들에게 핀잔을 많이 들었다. 자기들은 안 따 먹은 척하지만 입가의 오디 물이 사실을 말해 주곤 했다. 그땐 그 오디가 색다르게 맛이 있었던 기억이 새롭다. 세월이 지난 지금은 웰빙식품으로 떠오르고 있다. 그렇게 누에는 좋은 뽕잎을 먹은 탓에 잘도 자랐다.

그렇게 20여 일 동안 자라게 되면 네 번 잠을 마친다. 누에가 고치를 만들게 하기 위해서는 고치를 만들 수 있도록 공간을 마련해 주어야만 했다. 누에 입에서 실 비단 줄이 생겨나면 자기의 몸을 감아 보금자리를 마련하게 된다. 그 과정이 끝나면 공장으로 옮겨지게 되고 비단을 만드는 실과 번데기를 구분하게 된다. 실은 다양하게 많은 생활에 필요한 것들을 각양각색으로 만드는 데 쓰이게 되며 번데기는 요즘 펩타이드라는 식품을 추출해서 간 기능강화, 알코올 분해, 숙취해소 등 각종 의약품과 화장품으로까지 유용하게 사용되어 새로이 각광을 받고 있다고 한다.

그 누에를 통해서 비단옷이며 이불이며 그 모든 것들이 만들어지는 것을 눈으로 볼 수 있게 된 것이다. 참으로 오묘하고 신비로운 자연관찰을 한 셈이다.

오늘 비단공장의 견학을 통해서 멀리 사라져버렸던 희미한 기억을 되찾았다. 그 과정을 통해서 인간의 솜씨로 고급스러운 실크며, 좋은 음식이 되는 설명을 들으며 감격했다.

실크는 입을 때보다 먹고 바를 때 그 진가가 드러난다는 말을 들으니 머지않아 대유행하리란 생각이 든다.

신은 우리에게 귀한 달란트를 주셨다. 생명 있는 것과 무생물을 다스리는 영을 주셨고, 값지게 고운 손길과 기계에 힘입어 아름다운 예술을 자아내게 하는 솜씨를 주신 것이다.

신이 주신 인간의 능력은 위대하다. 무에서 유를 창조해내는 놀라운 솜씨라니. 조상들의 얼과 지혜를 알아가는 것을 온고이지신溫故而知新 이라했던가. “옛것을 익혀 새것을 안다” 옛것을 익힘으로써 그것을 통하여 새로운 지식과 도리를 알게 된다.

인생은 노력하면서 배우고 배우면서 선조들의 지혜를 터득해야 하리라는 것을 누에를 통해서 또 하나의 깨달음을 얻으며 욕심이지만 나도 누에처럼 버릴 게 하나도 없는 사람이 되었으면 좋겠다.

캄보디아 앙코르왓(1)

언젠가 TV로 본 적이 있는 앙코르왓 사원을 가족들과 찾았다.

입구에 들어서니 맑고 푸른 호수 가운데 다리가 가로놓여 있었으며 결혼을 앞두고 웨딩사진을 찍는지 신부와 들러리인 친구들이 신부와 동일하게 드레스를 입고 이쪽저쪽에서 사진을 찍느라 한창이다. 수련이 호수에 잔잔하게 떠있는 사원을 위주로 뺑 둘러 서 있는 주변경관의 푸른 초목들이 관광객인 우리를 기쁘게 맞이하고 있는 듯싶다.

세계 7대 불가사의 '앙코르왓' 사원을 짓기 시작한 초기의 사원설계와 건축은 슈르야바르만 2세(재위1113~1150년)에 의해 시작되었는데 왕의 사위로 새로운 왕인 자야바르만 7세에 의해 완성되었다고 한다.

앙코르왓은 비슈누에게 헌정된 사원으로, 앙코르 유적지 중 가장 큰 사원이며 또 가장 잘 보존되어 있는, 크메르 건축 예술의 극치를 이루는 역사적인 예술품이다. 이 사원은 구성, 균형, 설계 기술, 조각과 부조 등의 완벽함으로, 세계에서 가장 아름다운 건축물 중 하나로 평가받고 있으며 벽에 새겨진 부조는 힌두교의 신화를 주제로 한 경우가 많은데 그 모습이 섬세하고 아름다워 앙코르왓 관광의 백미로 꼽힌다.

앙코르왓의 모든 건축물들은 생명을 뜻하는 동쪽이 정문인데 반해, 이곳만은 죽음을 뜻하는 서쪽으로 정문이 나있다. 때문에 이 사원은 수리아바르만 2세의 장례(화장식)를 치르기 위한 사원으로 지어졌다고 추측되고 있다고 전하며, 양각 부조 또한 왼쪽에서 오른쪽으로 돌며 조각되어 있는데, 이것도 힌두교 장례식의 절차에 쓰이는 법도이므로 이 설을 뒷받침하고 있다.

건축설계는 사원 자체가 너무 거대하여 내부를 다니면서 앙코르왓의 설계구조를 이해하기는 매우 힘들나. 이 사원의 복잡함과 아름다움은 정말 사람들을 놀라게 한다. 멀리서 이 사원을 보노라면 긴 통로가 중앙으로 연결되는 지상의 거대한 석조물로 보이기도 하나, 가까이 가서 보면 수많은 층을 이루는 탑들로서, 많은 예술적인 조각과방, 베란다, 정원 등이 계단으로 이어지고 각각 다른 층, 단에 구성되어 있음을 볼 수 있다.

지면에서부터 높이는 전체적으로 크게 3개 층으로 나뉘면서 자그마치 213m나 된다. 층 사이에는 많은 기둥들이 세워진 긴 회랑으로 구분되어 있다. 맨 위의 3층 단에는 5개의 큰 탑이 세워져 있는데, 중앙의 탑이 가장 높다. 탑들의 모양은 연꽃을 본 따서 만들었다. 모든 건물들은 동서를 축으로 정확한 대칭을 이루고 있다. 회랑과 방,

통로들의 지붕은 곡선으로 경사지게 만들어져 있는데 멀리서 보면 길고 좁은 산등성이같이 보이기도 한다.

1920년에 앙코르를 찾았던 영국의 한 역사학자는 이 계단들은 그 용도가 건축 고유의 목적을 초월하여 만들어졌으며, 계단이 그렇게 가파른 이유는 원래 인간을 위해 만든 것이 아니라 신이 이용하도록 만든 것이므로 인간의 접근을 어렵게 하기 위해 가파르게 만들었다고 한다. 또한 사람들이 계단에 오르면서 신성하게 마음을 가다듬고 엄숙해질 수 있도록 하며, 가벼운 마음을 가질 수 없는 분위기를 고려하여 축조하였다고도 한다.

앙코르왓은 석조 건축물로 만들어진 우주의 축소판으로, 지상에 있는 우주의 모형이라고 한다. 중앙의 탑은 사원의 정중앙에 세워져 우주의 중심인 메루산을 상징하며 5개의 탑은 메루산의 5개의 큰 봉우리를 나타낸다. 성벽은 세상 끝을 둘러싼 산맥을 뜻하고 있다고 한다. 또한 이를 둘러싼 해자는 우주의 바다를 상징하고 있다. 그러니까 앙코르왓의 3층 중앙 탑들이 있는 곳은 천상계를 상징하고, 2층은 인간계, 1층은 미물계를 나타낸다고 한다.

앙코르왓의 배치와 구성은 약 210ha 넓이의 사각형의 땅을 성벽으로 쌓고 그 안에 성이 지어졌다. 이 사원 부지의 규모는 우선 사암으로 만든 긴 입구 통로(250m)와 해자가 말해준다. 앙코르왓의 야경 LED전구는 한국인이 설치했다고 가이드는 자세한 설명을 덧붙인다.

이처럼 14세기 이후 점차로 사원은 소승 불교 사원으로 용도가 변경되어 오늘에 이르는데 관리가 제대로 되지 않았으며 그렇다고 용도가 폐기되지도 않은 상태로 그나마 해자가 정글의 침입을 막아줘서

파괴가 최소화되었던 것이다.

앙코르왓 사원의 벽에 새겨진 그림은 섬세하게 조각되어 있는데 사람들이 만져서 반질반질 했으며 앙코르왓 훼손을 최소화하기 위해서 만지는 것을 금하고 있다고 한다. 많은 이들이 와서 보고, 생각할 수 있도록 복원을 하고 있지만 언제 이 유적이 무너질지 모른다고 하니 아쉬운 마음이 앞선다.

앙코르왓 사원은 웅장함과 정교함을 갖춘 건물로 누구나 다시 찾고 싶은 생각이 드는 곳이다. 온 가족(큰형님, 둘째형님, 시누이)이 웅장하고도 뛰어난 건축 양식을 즐거움으로 둘러보며 감상하고, 유명한 사원에 대한 찬사를 아끼지 않았으며 여행하는 동안 내내 하나님께서 인간에게 귀한 지혜 주셨음을 실감했다.

하롱베이

눈을 들어 하늘을 보니 코발트빛 물감이 하늘에서 금방이라도 뚝뚝 떨어질 것 같다. 바다와 하늘이 맞닿은 듯한 느낌이랄까? 우리나라의 계절로 말하면 9월초쯤이라고 한다. 우리 일행을(큰형님 내외, 작은 시숙, 시누이, 우리 가족) 축하라도 하려는 양 맑은 날씨가 고맙다.

우리 일행은 베트남을 찾았다. 베트남은 통일되면서 사이공이란 옛 지명이 사라지고 호치민(ho chiminh)이란 이름으로 바뀌었다. 오랜 세월 동안 프랑스와 미국의 영향권에 있었던 수도 하노이에 비할 수 없을 정도로 자본주의 냄새가 물씬 풍겼다.

프랑스 식민지 시절 번영을 누리던 동코이 거리를 필두로 작은 신작로엔 하루가 다르게 유명브랜드를 판매하는 쇼핑몰이 들어서고, 먹을거리가 있는 공원은 사람들로 북새통을 이루었다. 이곳 역시 사람들의 향기로 가득했다. 프랑스 식민지의 흔적이 진하게 배어 있는 이곳은 자전거를 개조하여 만든 시클로라는 독특한 교통수단을 이용한다. 사람들은 호치민시를 작은 파리라고 부른다. 오랜 세월 동안 프랑스 지배를 받은 탓도 있지만, 전체적인 분위기가 파리와 흡사하기 때문이다.

한편 사이공강을 따라 이어지는 수로 주변에서는 아직도 옛 방식대로 살아가는 주민들을 만날 수 있었다. 작은 배에 몸을 의지하고 수많은 지류가 실타래처럼 얽히고설킨 사이공강을 거슬러 올라가다 보면 열대지방에 서식하는 수많은 조류와 동식물을 볼 수 있다. 좁은 물길을 따라 조성된 이곳은 전혀 다른 자연과 풍경이어서 한 편의 다큐멘터리 영화를 보는 듯한 느낌이었다.

이른 아침 안개가 서서히 걷히고 섬 안의 모든 것이 서서히 모습을 드러내니 무릉도원을 보는 듯했다. 한낮에는 푸른 바다와 흙탕물이 유입되는 지역이 뚜렷이 구분되며 해가 섬 사이로 모습을 감추면서 연출하는 변화무쌍한 풍광은 말로 표현하기 어렵다.

베트남의 수도 하노이 동쪽에는 세계적인 명소인 하롱베이가 있다. 용이 하늘로부터 내려왔다는 뜻을 간직한 하롱베이는 놀랄 만큼 다채로운 풍광을 연출했다. 길고 완만한 형상의 바위들, 바다에서 하늘을 향하여 곧장 뻗어가는 듯한 기암괴석들, 울창한 숲으로 둘러싸인 섬, 관광객을 상대로 물건을 판매하는 작은 배에 이르기까지 직접 눈으로 확인하지 않고서는 믿기 어려울 정도로 흥미로운 곳이었다. 하롱베이는 인도차이나 반도를 대표하는 세계적인 자연유산이 아닐 수 없다.

3,000여 개의 석회암으로 이루어졌다는 하롱베이는 규모도 크고 풍

광 역시 다채로웠다. 바다 가운데 점점이 떠있는 섬들은 마치 그림이나 조각으로 표현해 놓은 듯했다. 섬의 바위 틈새에서 자라난 잡초들도 1,300여 종류라고 하니 얼마나 향기롭고 아름다운 꽃들이 많겠는가.

두 마리의 원앙새가 마주보고 키스를 하려는 형상이다. 누가 그렇게 세밀하게 그림을 그렸고, 누가 그처럼 섬세하게 조각했을까? 기묘한 모양새 때문에 독특한 이름이 붙여진 섬들도 많다. 유령, 마법사, 코끼리, 거북, 싸움닭 등 이름 있는 섬만도 1,000여 개나 되고 동굴 또한 많다. 수많은 동굴들은 몇 세기 동안 해적들의 은신처였다고 하며, 프랑스 식민지 시절 공산주의자들이 숨어 게릴라 활동을 펼쳤다고도 전한다.

햇빛에 반사되는 금물결을 바라보는 일도 마냥 즐거웠다. 섬들은 산으로 둘러싸여 있었다. 3,000여 개의 섬 가운데 한승소 동굴이 있었다. 밖에서 본 모습은 작은 동굴이지만 그 속으로 들어가 보면 석회가 천장에서 떨어져서 그 안에 이루 말할 수 없이 환상적인 작은 세상을 이루고 있었다. 동굴 안으로 들어갈수록 더 넓은 세상으로 들어가는 듯하였다. 멋진 바위섬에는 단순히 바위와 숲만 있는 것이 아니었다. 섬에 따라 크기도 다를 뿐 아니라 엄청난 규모를 자랑하는 종유석동굴, 바위터널을 비롯하여 고운 모래해변과 울창한 숲, 바위섬 아래에 옹기종기 모여 사는 수상촌까지 방문객들의 눈이 휘둥그레질 수밖에 없었다.

끝없이 펼쳐진 바다에서 갖가지 해물로 점심식사를 마치고, 잠깐 바다 내음과 멋진 바다를 감상하고자 티팀섬에 내렸다. 인위적으로 모래를 퍼다가 해변을 만들었다는 섬, 밀가루보다도 새하얀 모래, 고운 햇빛이 비치는 곳마다 금빛 은빛으로 빛났다. 하지만 그 모래는 알고 보니 인위적으로 관광객들을 위해서 만들어냈다는 것이었다. 관광객들을 위해서 생각해낸 정성이 대단하다는 느낌이었다. 곱고 부드러운 백사장에서 평화로운 바다를 감상하며 걸었다.

망망대해에 떠있는 수많은 기암괴석과 숲이 멋진 조화를 이루고 있었다. 방향과 시간대에 따라 그 모양새와 분위기가 다른 모습을 보여주었다. 그게 바로 꿈에도 잊지 못할 캄보디아의 하롱베이다.

-제13호『행촌문학』게재(2008)

5부

살며 사랑하며

기도의 위력

"줄탁동시" 라는 말이 있습니다. 병아리가 알에서 부화되려면 줄과 탁이 동시에 이루어져야 한다는 뜻입니다. 병아리가 부화할 때가 되면 알 안에서 톡톡 쪼는 것을 '줄' 이라고 하고 어미 닭이 이 소리를 듣고 밖에서 탁탁 쪼아서 부화를 돕는 것을 '탁'이라고 합니다. 일방적인 것은 뜻을 이루기도 어렵지만 결코 아름답지 못합니다. 신앙생활이란 하나님의 도우심과 노력이 있어야 합니다.

히스기야 왕은 선지자 이사야로부터 사형선고를 받게 되었습니다. "네가 죽고 살지 못하리라." 히스기야 왕은 결정적인 순간에 목숨을 걸고 기도하였습니다. 기도를 통해서 15년의 생명연장을 얻었습니다. 하나님의 선고에도 집행유예의 기간은 있는 것이 아닐까요. 그는 이렇게 기도하였다고 기록되어 있습니다.

첫 번째로 히스기야 왕은 "얼굴을 벽으로 향하여" 기도하였습니다. 이 방법이 최선이고 사는 길임을 알았기 때문입니다. 호랑이 굴 속으로 들어가는 것입니다. 피하거나 포기하는 것이 아니라 삶과 죽음을 주장하시는 하나님께만 매달렸던 것입니다. 엉뚱한 데 기웃거리거나 매달리지 않았습니다. 다 버리고 거절하고 하나님께만 향했던 것입니다. 결정적인 순간에 인간의 의술이나 세상적인 것에 미련 갖지 않고 생명을 하나님께만 걸었습니다. 이것이 믿음이고 지혜가 아닐까요.

다음으로는 통곡하는 기도 "이르되 여호와여 구하오니 내가 주 앞에서 진실과 전심으로 행하며 주의 목전에서 선하게 행한 것을 기억하옵소서." 하고 히스기야가 심히 통곡하니. "내가 네 기도를 들었고 네 눈물을 보았노라. 내가 네 수한에 15년을 더하고 너와 이성을 앗수르왕의 손에서 건져내겠고 내가 또 이 성을 보호하리라." (열하3~6절), "히스기야가 심히 통곡하니"라고 하였습니다.

하나님 앞에서 왕의 위치나 체면을 내려놓고 눈물과 콧물을 흘리며 기도할 때 하나님께서는 의인의 입에서 나오는 진실의 기도를 들으시고 죄와 악을 깨끗이 씻어주셨고 앗수르의 손에서 건지시고 보호하셨던 것입니다. 통곡하는 기도의 능력을 보여주셨던 것입니다.

오늘을 사는 우리들은 사방이 다 트여 있고 투명하기에 보이는 것이 너무 많고 들리는 것이 너무 많아서 하나님께만 집중하기가 어렵습니다. 하나님을 바라보면서 오만 가지 생각을 다하고 있습니다. 그래서 집중력을 잃어버리기가 쉽습니다. 이제 우리는 하나님께만 기도해야 합니다.

때로는 눈물로, 감사와 기쁨으로 벽을 향하는 마음으로 기도를 드림으로 응답과 복의 통로가 되어야 하지 않을까요. 우리가 기도할 때 하나님께서는 놀라운 은혜로 넘치는 복을 주실 것을 믿습니다.

믿음이 행복의 길이다

"복 있는 사람은 악인의 꾀를 따르지 아니하며 죄인들의 길에 서지 아니하며 오만한 자들의 자리에 앉지 아니한다." 라고 말한다.

이렇게 사는 사람은 틀림없이 자신의 죄악에 오염되는 것을 피하기 위해 행하는 자와의 교제를 회피하며 집요하고 점진적인 악의 유혹에 대해서도 '아니오.'라고 말하는 사람일 것이다. 그는 욕망의 노예가 되는 대신에 자제하는 삶을 선택할 것이다.

우리가 겪는 불행의 대부분은 끝없는 욕심의 시작에서 발생한다.

욕망에 사로잡히면 나의 행복을 위해서라면 남의 불행은 아랑곳하지 않는다. 남의 불행 위에 나의 행복을 쌓으려 하는 것은 마치 모래밭에 고층빌딩을 세우려는 것과 같이 위태롭다. 완전한 행복을 원한다면 우선 자신의 욕망을 자제하며 거짓과 불의로 이끄는 간교한 죄의 유혹을 과감히 거절할 수 있어야 할 것이다.

또한 복 있는 사람은 "오직 여호와의 율법을 즐거워하며 그의 율법을 주야로 묵상하는 자"라고 말한다. 이 말씀은 사람이 행복하게 살려면 하나님의 말씀과 아주 친밀해져야 하며 늘 그 말씀을 기억하면서 살아야 함을 강조하고 있다. 사람들 중에는 사람의 행복과 성경말씀이 무슨 상관관계가 있는지 의아하게 생각할 수도 있다. 그러나 성경은 인생여정을 행복으로 이끄는 안내서이다. 우리는 여행 중에 안내서가 없거나 잘못된 안내표지판 때문에 목적지에 이르기 전 방황한 여러 번의 경험이 있다.

지난 가을 국 단합대회차 모악산으로 갔다. 우리는 구두로 설명을 듣고 선두를 따라갔다. 이야기를 하면서 가다보니 선두를 놓치게 되었다. 어느 길로 가야 정상이며 직원들이 다 모이는 장소를 갈 수 있을까를 생각하며 이리저리 난 길을 방황했는데 위로 오르는 길을 안다고 나선 직원이 있어서 따라 가다보니 길은 길이되 원하는 길이 아니었다. 이처럼 안내서가 없다면 잘못된 길을 갈 수밖에 없음을 경험하게 되었다.

정말, 우리가 인생의 고뇌와 불안정과 방황을 끝내고 행복한 사람이 되기를 원한다면 우리가 가진 모든 문제의 해답과 행복의 로드맵(Road map)이 기록된 성경 말씀을 가까이 해야 하며 기도해야 할 일이다. 요즘, 우리 교회에서 1.5.3.5 운동을 하고 있다. 일생을 살아가는 동안 일만 번 기도, 50명 전도, 30번 성경봉독, 5,000번 봉사를 기본적으로 해야 한다고 목사님께서는 강론하신다. 그러나 말로는 쉽지만 결코 쉬운 일은 아니다. 하지만 목사님께서는 우리 모든 성도들을 언제나 처음처럼 기본으로 돌아가라고 말씀하시며, 기본적인 삶을 살 때 하나님께서는 사람을 살리고 세우며, 섬기고 높이며, 세상을 살리고 바꾼다고 하신다.

"주의 말씀은 내 발에 등불이요, 내 길에 빛"(시119:105)이기 때문이다.

결과적으로 복 있는 사람은 악한 일을 생각지 않는다는 것이다. 예수그리스도를 믿고 구세주로 받아들여 예수와 내가 생명적 관계가 되어야 한다는 것이다.

나무가 땅에 뿌리를 내리고 마르지 않는 냇물로부터 수분을 빨아당기는 것처럼 우리가 어떤 경우에도 마르지 않는 생명수이신 예수를 믿으면 그 사람은 확고부동하게 변치 않는 믿음으로 흔들리지 않는다. 비록 우리들의 삶에 고난과 유혹이 엄습한다 해도 넘어지지 않는다. 나무들은 시련이 크면 클수록 너욱 깊이 뿌리를 내린다는 원리가 있다.

우리 생명과 복의 근원이신 예수를 떠나서 인생이 행복하기를 기대할 수 없듯이 예수를 믿음은 힘이며, 참된 행복을 소유하는 유일한 길이기 때문이다.

성경이 운명을 바꾼다

여름이라 희미할 것 같지만 보일 것은 다 또렷이 보이는 것을 보면 동이 터오고 있다는 증거이다. 좋은 일일수록 마음먹은 김에 미루지 말고 실천에 옮겨야 복이 되지 않겠는가.

"믿음은 바라는 것들에 대한 실상이요, 보지 못하는 것들에 대한 증거이다."(히11장1절)라는 성경 말씀을 묵상하면서 미명에 새벽 성전을 찾게 된다. 그 까닭은 언제부터인지는 모르지만 말씀을 듣고 기도하면 편안해지기 때문이다.

사람마다 세상을 살아가노라면 크든 작든 일이 생겨나기 마련이다.

믿음의 사람들은 성경말씀을 통해서 깨달아 하나님을 발견하게 되고, 기도를 통해서 위로를 받게 되기 때문에 나에게 있어서는 성경말씀 듣는 그 시간은 가장 귀중하다.

특별히, 하나님 말씀으로 은혜를 받게 되는 이유는 노예의 신분에서 당대 최고의 문명국이던 이집트의 국무총리가 된 요셉이야기, 양을 치는 목동에서 이스라엘 역대 최고의 임금으로 꼽힌 다윗왕, 전쟁포로로 천한 신분에서 왕비가 된 에스더 등, 선한 의지와 결단력으로 인생을 꽃피운 사람들의 이야기를 배워가노라면 말씀이 꿀보다 더 달다. 즉, 성경은 운명을 바꾼다.

어린 시절 교과서에 소개된 〈키다리 아저씨〉 이야기가 재미있었던 기억이 있다.

키다리아저씨는 아이들의 소리가 시끄러워 소음이라고 생각하며 늘 고함을 질렀으며 담을 높이 쌓았다. 그런데 겨울이 지나면 봄이 와야 되는 게 자연의 순리지만, 키다리아저씨의 집은 언제나 눈 내리는 겨울이었다. 어느 날 담 너머로 보게 된 광경은 그 자신을 놀라게 했다. 천진난만한 아이들의 웃음소리와 함께 그들의 정원엔 예쁜 꽃이 피어 있었기 때문이다. 아저씨는 생각하게 되었다. 자신의 마음의 문과 담장을 헐게 된다면, 언제나 아이들은 오고갈 것이며 함께 지낼 수 있을 것이라고. 담장을 헐었을 때, 기적처럼 앙상한 나무에서 새순이 돋아나고 꽃이 피고 새들이 찾아들었다.

성경은 말한다.

네 이웃을 네 몸과 같이 사랑하라고, 예수님께서는 왜 사랑을 강조하셨을까?

그것은 하나님의 속성이 사랑이기 때문이다.

요즈음엔 어디를 가 보아도 깔끔한 분위기와 인테리어가 눈길을 끌며, 편안함이 있다.

밥 먹고 차 한 잔 마시는 공간뿐 아니라, 물건 하나 사는 상점도 옷 바꿔 입듯, 많은 돈을 투자해서 새로운 기분으로 손님을 맞이한다.

이처럼 인위적으로 치장해서 순간의 편안함을 주려 애쓰고 있는 환경에 반하여, 자연스러우면서 은근하게 묻어나는 사랑과 정情의 분위기는 갈수록 소멸되어감을 느낀다. 우리는 돈을 주고받는 서비스에 익숙해져 가는 동안, 나도 모르는 사이에 키다리아저씨처럼 마음의 문을 꼭꼭 닫아 놓은 채 살아가고 있었던 것은 아닐까? 사랑과 행복은 열린 마음에서만 필 수 있는 꽃이며, 맺을 수 있는 열매이다. 현대교회의 모습은, 겉은 화려하고 아름답지만 갈수록 인정은 메마르고 사랑은 상실되어 가고 있다고 한다. 하지만, 아직도 하나님은 살아계셔서 그 음성을 듣는 목자와 교회가 있다. 우리 교회에서 하나님의 사랑으로 1.5.3.5 운동을 시작했다.

우리 목사님께서는 일생을 살아가는 동안 1. 일만 시간 기도하며, 5. 50명 전도 3. 삼십 번 성경을 봉독해야 하나님과 상통하며, 5.오천 시간 교회가 아닌 사회에 나가 봉사활동을 하고 날마다 일기처럼 기록할 때 하나님의 선하신 역사는 일어날 것이라고 말씀하신다.

왜, 이처럼 강요하는지 귀찮다는 생각도 했지만, 사명감을 갖지 않고 믿는다면 언제나 작심삼일의 마음으로 되돌아가기 때문이라고 한다.

목표 없는 삶은 곧 방황이요, 푯대 없이 살아가는 것이라고 한다.

인간에게 의지력이 필요하다면 그것은 하나님의 제자 된 삶이며, 어렵고 힘들더라도 굽히지 말고 삶의 과업을 이루어내야 하는 것이 하나님께서 우리에게 주신 지상명령이라고 말씀하신다.

말씀과 기도는 사람의 의지력에 한계가 있을 때 하나님의 도움을 받는 통로이고 자신의 삶이 약해서 흔들릴 때 좌절하지 않도록 힘을 얻어내려는 통로이다. 어떠한 역경이 있을지라도 역사적으로 함께한 하나님께서 도우실 것이며, 이 일을 위해서 헌신하고 노력할 때 성경은 분명히 우리들의 운명을 넘치는 은혜로 새롭게 바꿔 주실 것이다.

울릉도 할머니

끝을 모르게 펼쳐진 푸른 바다, 뱃머리에 부서지는 하얀 파도, 울근불근하게 치솟은 기암괴석奇巖怪石이 아름다운 울릉도. 내가 찾아간 울릉도는 꿈에도 잊지 못할 빼어난 절경이었다.

바닷가에 서서 울릉도를 바라보니 그 섬들은 늘 바다에 떠 있을 것만 같았다. 항상 술렁이며 부산스럽게 어디론가 떠날 채비를 하고 있다고 생각했다. 그러나 정작 그 섬은 그 자리에 박혀 있었고 술렁이는 것은 파도였다.

사람들은 떠나고서는 외로워하고 그리워하며 다시 재회를 원한다. 변함없이 한곳에 머물러 있는 섬 울릉도가 그 자리에 그대로 있다는 것을 안다면 그 섬에 다녀왔던 이들은 언젠가는 다시 그 섬을 만날 수 있을 것이다.

우리 일곱 가족은 새벽 3시에 익산에서 출발하여 다음날 12시에 울릉도에 닿았다. 점심식사를 마치고 해상관광을 하기 위해 배에 몸을 실었다. 그곳에는 코끼리바위, 촛대바위, 거북바위 등 희한한 이름을 가진 기암괴석들이 많았다. 바다는 계절에 따라 빛이 다르다더니 여름바다는 푸르다 못해 검푸렀다. 현해탄에 몸을 던졌다는 '사의 찬미'란 노래를 부른 가수 윤심덕의 심정이 어렴풋이 가슴에 와 닿았다.

다음날 새벽, 해돋이를 보려고 등반하기로 했지만 맑은 하늘이 아니어서 바닷가를 산책하는 것으로 마쳐야 했으니 아쉬웠다. 아침식사를 마치고 육로관광길에 올랐다. 푸른 파도가 넘실대는 바닷가엔 애처로운 갈매기 울음소리만 처량했다. 바삐 서두르는데 바닷가 바위에 허름한 차림의 할머니 한 분이 누워계셨다. 우리 일행은 여행 차 오신 분이 편찮으시거나 다치신 줄 알고 살금살금 할머니 곁으로 다가갔다.

"할머니 어디 편찮으신가요?"

할머니는 일어나 앉으시면서 말씀하셨다. 이곳 울릉도에서 사신 지가 벌써 수십 년이나 되었다며 이젠 울릉도의 모든 것들을 다 사랑하신다고 말씀하시는 도중 웬 새 떼들이 날아왔다. 깜짝 놀라 우린 당황했으나, 할머니께서는 모이를 던져주셨다. 손바닥에 날아와 앉는 새를 그대로 놓아두고 말씀을 계속하셨다. 할머니의 낙樂은 그 자리에서 날마다 새들에게 모이를 주는 일이라고 하셨다.

새들을 사랑하는 할머니, 이 할머니가 이 세상에 사시는 동안 더 많은 새들을 보호하면 좋겠다는 생각이 들었다. 참으로 이 세상은 살만한 가치가 있다고 생각하니 마음이 바닷가의 파도처럼 부풀어 올랐다. 지금까지 자연을 사랑한다고 생각했던 나 자신을 되돌아보니 부끄러워졌다. 이 세상에서 살아가는 동안 풀 한 포기, 돌멩이 하나, 나무 한 그루라도 아끼고 보살펴야겠다.

맑은 물살 덕에 물속이 훤히 보였다. 예쁜 조약돌이 사랑스러웠다. 바람을 맞아야 핀다는 해국海菊과 밤새 별님을 쳐다본 덕에 별을 닮았다는 들녘의 노란 달맞이꽃이 해맑게 웃고 있었다.

할머니의 아름다운 마음을 아는지, 푸른 바다가 더 평온하게 느껴졌고, 갈매기의 유연한 날갯짓과 푸른 숲속에서 들려오는 예쁜 새들의 노랫소리가 크게 울려 퍼졌다. 나뭇잎들이 맑은 햇살에 더 반짝이며 까르르까르르 웃고 있었다. 즐거운 울릉도 나들이였다.

친구에게(1)

한 해가 저무는 이만때쯤이면 문득 친구를 떠올리며 산에나 한번 올랐으면 하는 생각이 들 때가 있다. 우리 아파트 뒷산(학산)은 그리 높은 산도 아니고 그저 허물없이 친구들과 함께 어울려 도란도란 이야기하며 오르내릴 수 있는 곳이다.

얼마 전 주말에 운동이 부족하다는 나의 푸념을 들은 남편과 함께 오른 적이 있다.

억새꽃이 나부끼는 산마루에서 내려다보이는 평화동 네거리는 바둑판 모양으로 펼쳐지고 구불구불한 산기슭은 뱀이 기어가는 모습 같기도 했다. 산마루에 흐르는 구름과 갈색이 짙은 떡갈나무와 계절의 변화에 시들어가는 풀잎새 사이에서는 해맑은 쑥부쟁이 꽃이 피어나고 은은하게 풍겨나오는 향기가 있어 더 좋았다. 저녁노을 때문에 더 붉은 산비탈의 황토와 한 꺼풀씩 미농지에 덮이듯 잿빛 속에 가라앉는 들판의 경치는 쉽게 발을 떼지 못할 정도로 아름다웠다. 아름다운 모습을 간직한 나무들은 다가올 겨울을 준비하기 위해 잎새들을 다 떨어내는 연습을 하고 있었다.

친구야! 이처럼 사람 사는 일은 산을 오르는 일과 닮은 데가 많다.

사람이라면 누구나 크건 작건 목표를 세우고, 산을 오르듯 목표에 도달하기 위해 애를 쓰는 것만 봐도 그렇다. 그리고 그런 목표에 도달했을 때의 기쁨은 자신이 목표한 산꼭대기에 서는 기쁨과 흡사한 것이 아닐까. 우리 짧다면 짧고 길다면 긴 인생 오늘은 칭찬에 후한 예수님을 생각하게 했다. 사막 같은 세상을 힘들게 살아가는 사람들, 작지만 삶의 목표를 세우고 산을 오르듯 열심히 노력하는 사람들에게 한 사발의 냉수처럼 마음을 시원케 하는 그런 인정認定과 격려激勵를 아낌없이 보낸 분이다. 예루살렘 성전 마당에서 한 가난한 여인이 연보捐補를 드렸다. 지금 돈으로 따진다면 20원이나 30원 정도에 불과하지만 두 푼을 드린 여인을 눈여겨보고 제자들을 불러다가 이르시되 "내가 진실로 진실로 너희에게 이르노니 이 가난한 과부는 헌금함을 넣는 모든 사람보다 더 많이 넣었도다. 그들은 다 풍족한 중에 넣었거니와 이 과부는 가난한 중에서 자기 모든 소유 곧 생활비 전부를 넣었느니라."(마가 12장43, 44절)라고 칭찬을 아끼지 않았다. 나사렛 사람에 대해 극도의 편견이 있으면서도 진실히 기도하기를 좋아하는 나다나엘 이라는 사람이 있었다. 그에게 "보라 이는 참으로 이스라엘 사람이라 그 속에 간사한 것이 없도다."(요한복음1장 47절)라고 칭찬하여 단번에 "랍비여 당신은 하나님의 아들이시오 당신은 이스라엘의 임금이로소이다(49절)"라는 반응을 얻어낸 분이 예수 그리스도이시다. 지금도 수많은 그리스도인들은 그리스도께서 다시 오셔서 "잘 하였도다. 착하고 충성된 종아 네가 적은 일에 충성하였으매 내가 많은 것을 네게 맡기리니 네 주인의 즐거움에 참여할지어다."(마태 25장 23절)라고 칭찬하실 날을 기다리며 살고 있다.

누구나 세상을 살아가노라면 가파른 산을 오르듯 힘겨운 고비가 있다. 그러나 인내와 성실로 오르고 또 오르면 못 오를 리 없다지 않던가. 친구야 날마다 너를 생각하지만 오늘은 도란도란 이야기를 나눌 친구를 생각했다. 오늘은 하루를 마치는 해와, 한 해의 저물어가는 다가올 12월을 생각하면서 편지를 쓴다. 아직도 가을의 끝자락인 것 같은데 어느새 성큼 겨울이 다가왔다.

며칠 전 예쁘게 단풍든 나뭇잎새 위에 새하얀 눈이 쌓인 것을 보았으리라 생각한나. 슬프노록 아름다웠다. 남은 인생 칭찬을 아끼지 않은 하나님과 함께하는 너와 내가 될 수 있기를 기도하면서 다음에 또 편지하마….

친구에게(2)

오늘은 겨울을 재촉하는 비가 촉촉하게 내린다.

때늦은 비라 생각은 하지만 그래도 유유적절하게 구석구석 내려지는 비는 부석한 흙더미며 날리는 먼지를 잠재우니 단비의 맛을 느낄 수가 있어서 감사하다는 생각이다. 이 비 그치고 나면 깊어가는 겨울이지만 이른 비와 늦은 비를 우리에게 적절하게 허락하시는 하나님께 감사할 따름이다.

친구야!!

오늘은 며칠 전 책을 읽다가 감동받은 내용이 있어서 너에게 또 편지를 쓴다.

"볼펜도 붙들어 주면 혼자 설 수 있다."는 하나님의 말씀으로 은혜를 나누려 한다.

영국의 울루취라는 마을에서 레드스톡 목사가 부흥집회를 열었다.

집회가 끝나고 돌아가는 기차에 몸을 실었는데 젊은 해군 장교 하나가 뛰어와 차창을 두드렸다. 창을 열고 무슨 일이냐고 물었더니 이런 이야기를 하는 것이었다.

"목사님, 이번에 좋은 말씀을 듣고 크게 감동을 받았습니다. 그런데 한 가지 여쭈어보고 싶은 게 있습니다. 저는 지금껏 여러 번 이런 집회에 참석하면서 이제부터는 올바르게 인생을 살아야겠다고 결심했습니다. 그런데 어찌 된 셈인지 사흘도 못 되어 다시 옛날의 잘못된 습관으로 굴러떨어집니다. 제가 넘어지지 않고 똑바로 살아갈 수 있는 길은 없을까요?"

레드스톡 목사는 얼굴에 당황한 빛을 감출 수가 없었다. 기차는 금방 떠나려고 기적을 울리는데 언제 그것을 알아듣게 설명한단 말인가?

잠시 생각에 잠겼던 그는 호주머니에서 볼펜을 하나를 꺼내 장교에게 건네주었다. "장교님, 이 볼펜을 얼른 당신 손바닥 위에 똑바로 세워보십시오." 장교는 그 볼펜을 받아 들고 손바닥에 세우려 노력했지만 번번이 넘어졌다. " 볼펜이 어떻게 손바닥에 똑바로 서겠습니까? 불가능한 일인 것 같은데요." 그러자 레드스톡 목사는 그 볼펜을 돌려받은 다음 손으로 움켜서 똑바로 세워 내밀었다.

"볼펜은 그렇게 세우는 것이 아니고 이렇게 세우는 것입니다." "그거야 누가 못하겠습니까? 저는 그냥 볼펜만 세우라는 줄 알았죠."

"그렇습니다. 볼펜은 결코 저 혼자 똑바로 설 수 없습니다. 그러나 어린아이의 조그만 손으로라도 붙들어 주기만 하면 볼펜도 똑바로 설 수 있지요. 누군가가 붙들어 주지 않으면 장교님도 넘어질 수밖에 없는 볼펜과 같은 존재랍니다."

그리고 약간의 뜸을 들인 후 "하나님은 사람을 붙들어 주시는 분이십니다. 그분의 손에 자신을 맡기십시오. 그러면 쉽게 넘어지지 않을 것입니다."

"너희 행사를 여호와께 맡기라. 그리하면 너의 경영하는 것이 이루리라.(잠16:3)" 말씀을 읽은 후에 한참 나는 생각에 잠기었다. 과연 우리의 힘으로 무엇을 할 수 있을까? 나름대로 인내하고 노력하지만 할 수 있는 일이 있고 없는 일이 있음을 우리는 잘 알고 있단다.

세상을 살다보면 두려운 것이 많다. TV를 시청하다 보면 전쟁의 공포와 자연재해에 대한 공포가 있을 수 있고, 늙는 것에 대한 공포, 병에 대한 공포 등 이루 헤아릴 수 없다. 성경에는 두려워하지 말라는 말이 많이 나온다. 어떤 목사님이 그 숫자를 세어 보니 365번이나 되었다는 것이다. 날마다 주시는 하나님의 말씀으로 생각해도 좋을 것이다.

그러면 왜 성경이 두려워하지 말라고 했을까? 우리는 때때로 어떠한 일을 하기 전 은근히 두려워하는 생각 때문에 망설이게 되고 주저하게 되는 것을 아는 까닭이 아니겠는가. 두려워하는 생각은 우리의 삶에 이득이 없다는 뜻이 아닐까? 성경 말씀에 "너는 두려워하지 말라. 내가 너와 함께하기 때문이니라. 너는 놀라지 말라. 내가 네 하나님이기 때문이니라. 내가 너를 강하게 하리라. 참으로 너를 도와주리라. 참으로 내 의로운 오른손으로 너를 붙들리라."(이사야41:10)

주님이 도우시면 그는 아무리 연약한 자라도 단번에 이 세상에서 가장 크고 강한 자가 된다는 뜻일 게다.

볼펜을 사람의 손으로 잡으면 설 수 있는 것처럼 우리 모두도 하나님께서 함께 하신다면 강하고 담대하며 두려워하지 아니하는 마음으로 바로설 수 있지 않겠는가. 한 해 한 해를 보내면서 뒤돌아볼 때 이루어놓은 일이 없음이 하나님 앞에 죄스러우면 인간적으로 후회하는 삶임을 깨닫는다.

그러나 할 수 있거든 이 무슨 말이냐 능력 주시는 자 안에서 모든 것을 할 수 있다 하셨으니 하나님 앞에서 낮아지고 겸손한 우리가 되기를 소망해본다.

강하고 담대함으로 하나님 앞에 서는 우리가 되어 보자.

나뭇가지에 달려있는 잎새가 가는 가을을 몹시도 아쉬워하는지

바람 끝에 대롱대롱 아직도 흔들리고 있다.

가슴에 품은 향기

모든 사람들은 각자 나름대로 좋아하는 꽃나무가 있기 마련이다.

나 또한 모든 꽃을 다 좋아하지만, 특별히 장미와 찔레, 아까시아, 탱자, 라일락, 은목서꽃을 좋아한다. 꽃도 예쁘지만 은은한 향기가 더 좋기 때문이다.

향기가 좋은 꽃은 함부로 손댈 수 없도록 가시가 있다.

존엄과 아름다움을 지키기 위함이리라. 생각 없이 다가서다간 가시에 찔려 비명을 지르기 일쑤이며 꽃을 코에 가져 가려다가는 가시에 찔려 움찔하며 겨우 향을 맡을 수밖에 없다. 예쁜 꽃들은 가시 때문에 아름다움을 보존할 수 있고, 가시는 꽃을 지키기 위한 자구책의 도구인 셈이다.

가시엔 독기나 냉기보다 긴장과 첨예한 눈빛이 있다. 긴장감이 서려 있다. 아름다움과 향기로움은 선망의 대상이며, 보는 것만으로 만족하지 못한다. 쉽게 접근할 수 있게 놓아둔다면 꽃은 금방 상처 입을 게 뻔하다.

가시는 적의를 품은 날카로움과 반발의 표정으로 다가선다.

그래서 장미꽃은 가시가 있다. 아름답기도 하지만 야성미가 넘치고 고혹의 향기가 풍겨난다.

탱자 꽃향기는 은근하면서 매혹적이다. 하얀 꽃들은 나비처럼 살포시 내려앉아 있는 양 가시 속에 숨어 향기를 뿜어낸다. 탱자는 철조망처럼 효과적으로 울타리가 되어준다. 철조망은 절단기로 간단히 끊어버릴 수 있지만, 탱자나무 울타리를 넘나들기란 여간 어려운 일이 아니다.

어린시절 고향집 한쪽엔 탱자나무 울타리가 있었다. 저녁 무렵이면 탱자나무 사이에 참새들이 즐겨 찾아들곤 했다. 참새들은 어떻게 가시나무 울타리를 자유자재로 날아다닐 수 있을까? 하는 궁금증도 있었다. 하지만, 가을이면 탱자를 따내기 위해 긴 막대기로 툭 툭 치면 땅에 떨어진 것을 줍곤 하였지만, 가시 속에서 얻어낸 것이기에 더욱 귀한 느낌이었고 노오랗게 잘 익은 예쁜 탱자는 아버지께서 경영하시는 한약방에서 약재로 사용하시기도 하였다.

찔레는 들장미로 불려진다. 장미가 온실이나 정원에서 길러낸 공주 같은 꽃이라면 찔레는 들판에서 자란 산골소녀 같은 꽃이다. 산이나 들판이 초록으로 물들어 갈 즈음이면 짙고 화사한 꽃은 은은한 꽃향기를 여지없이 피워냈다.

찔레꽃은 몸을 낮추어 산이나 들 어느 곳이나 마다하지 않고 몸을 땅바닥에 밀착시키고 넝쿨을 뻗어 어느 곳이라도 다가설 것 같은 강인한 모습을 보인다.

향기에 취해 꺾으려다 가시에 찔려 피를 흘리곤 했다. 들꽃이라 마음대로 하려든다면 낭패를 당하게 되고 가시의 완강한 저항에 물러날 수밖에 없다.

은목서는 향기가 일품이어서 정원수로 귀한 대접을 받는다. 정원에 은목서 한 그루만 있다면 꽃이 피어 있는 동안 내내 행복할 수 있으리라.

진하고도 맑은 향기는 마음을 기쁘게 해주며 은목서 향기엔 맑고 깊은 향취가 있다. 저속한 향기가 아니라, 오랫동안 마음에 남는 맑은 향기이다.

은목서 나무엔 가시가 없는 대신 잎에 뾰죽한 톱니가 돋아나 있다. 잎에 날카로운 모서리가 있어서 가시 역할을 해낸다. 노란꽃은 금목서, 흰꽃은 은목서이다. 향기가 만 리를 간다고 해서 만리향이라고 부르기도 하며 가시가 없기에 함부로 꺾을 수 없게 잎사귀에 톱니가나서 꽃을 보호하기도 한다. 은목서의 잎이 부드럽고 아름답다면 꽃과 향기를 온전히 보호할 수 없으리라.

나는 꽃을 좋아하지만, 향기가 있는 꽃을 더 사랑한다. 내 가슴엔 꽃보다 더 넘쳐나는 향기를 간직하고 있기 때문이리라. 그 향기는 내가 만난 예수그리스도다.

마태복음 3장 (13절~17절)의 귀한 말씀은 "죄 없으신 예수님께서 요단강에 이르러 세례요한에게 세례를 받으려 하시니 예수께서 세례를 받으시고 곧 물에서 올라 오실세 하늘이 열리고 하나님의 성령이 비둘기같이 내려 자기 위에 임하심을 보시더니 하늘로부터 소리가 있어 말씀하시되 이는 내사랑하는 아들이요, 내가 기뻐하는 자라 하시니라."

내가 살아갈 동안 낮아지기를 원하며 겸손하신 하나님의 아들인 예수를 닮아가고 싶다. 온유하며 사랑이 많아 헐벗고 굶주리고, 약하고 병든 자를 긍휼이 여기시고 인간들의 삶을 알아야 더 많은 영혼(사람)들을 사랑할 수 있음을 알기에 요한에게 세례받기를 자청해서 함께 사는 삶을 원하시는 예수님. 우리 인간들에게 언제나 어버이의 품을 가지셔서 세상 모든 사람들을 "다 네게 오라고 부르시는 하나님의 아들 예수님"은 우리를 말씀의 권능과 삶의 향기를 알게 하셨다. 예쁜 꽃들에게 향기를 주시고 가시를 통해서 꽃을 보호하는 것처럼 예수님께서 온 인류를 위해서 크신 사랑으로 십자가에 못박혀 죽으시기까지 우리(나)를 사랑하신 예수님, 다시 오시는 그날(재림)까지 나는 예수님이라는 향기로운 말씀(사랑)에 가시를 가슴에 품고 살아가리라.

마중나온 행복

어린 시절 시골이라선지 놀잇감이 많지 않았다.

하지만, 아버지께서 한약방을 경영하면서 책을 즐겨 읽으셨고, 전주 건재사를 다녀오실 때면 두어 권의 책이 손에 들려져 있었다. 위에 언니 둘이 있었는데 그들도 책읽기를 무척이나 좋아하였다. 시골이라서 농번기에는 언니들에게 어머니께서 심부름을 시키면 언니들은 핑계대기를 좋아했다. 엄~마아 저 숙제해요. 공부해요. 며칠 후 시~험봐요. 라는 말에는 어머니도 어쩔 수 없으셨다.

그럴 때마다 언니들이 야속하다는 생각이 들어서 무엇을 하나 하고 어깨 너머로 넘겨다보면 공부가 아닌 소설책 읽기에 정신이 없었던 걸로 기억된다. 은연중 나도 습관처럼 그 버릇을 배우게 되어 주어지는 대로 무슨 책이든 간에 따라서 읽기를 좋아했다.

책을 읽다 재미있어서 키득거리기도 했지만, 어렵고 이해되지 않는 부분도 많았다. 그렇지만 그냥 무조건 읽었다. 그러다보니 좋은 글귀를 만나게도 되고, 책 읽는 좋은 습관이 몸에 붙게 되었다.

그 옛날 그땐 그랬다. 놀잇감이 숨바꼭질, 땅따먹기, 공기놀이, 소꿉놀이, 고무줄놀이가 전부였으니 덕분에 좋은 습관이 생긴 것이다.

그러다 여름 방학이 시작되면 숙제가 꼭 곤충채집, 식물채집, 방학책 풀기, 글짓기(동시), 일기쓰기, 풍경화 그려오기가 기본적인 숙제였다. 난 열심히 숙제를 빠뜨리지 않고 꼬박꼬박 했지만, 다른 부분에 더 잘하는 친구들이 많았던 탓에 내 차지되는 것은 없었지만, 일기쓰기 방학숙제 상은 꼭 내차지가 되었다. 다른 친구들은 밥 먹고 잠자고, 먹고 놀다 숙제했다고 쓰니 일기의 소재가 바닥이 났지만, 난 잘하는지 못하는지도 모르고 책의 줄거리를 썼다.

책을 읽다보니, 생각하는 시간이 많아졌고 기쁨이 소망으로 변하는 계기가 되었다. 그러다 중학교에 진학하고부터는 국어, 수학과목이 나누어지게 되니 소망은 구체적이 되었고 국어과목은 늘 상위권이었다. 고등학교 작문시간은 나에게 늘 즐겁고 행복한 시간이었다. 그때부터 작가에 대한 꿈이 구체적이 되었다.

학교 과정을 다 마치고 직장생활을 하면서 몇 번이고 글을 쓸 기회가 있을 때마다 선정이 되는 기회가 주어졌고 다시 글쓰기 공부를 해야겠다는 마음이 불일 듯 일었다. 2003. 9. 행정자치부에서 "공무원문예대전"에 글을 응모한 것이 나를 "마중나온 행복"의 통로가 되었다.

글을 쓴다는 것은 그다지 쉽지 않다. 즉, 저녁하늘에 노을이 주홍색으로 장작 불꽃처럼 타오르다가 점점 검게 변하여 재가 되는 풍경 속에서 주변은 어두워지고 뒤에 이어 밤하늘에 별들이 서서히 드러나는 공간, 차가운 길가에 옹송거리며 저희들끼리 모여 있는 나뭇잎들, 늦가을 저녁 들국화의 향이 코를 자극하고 서늘한 밤공기의 느낌, 저무는 저녁햇살을 받고 서 있는 억새풀의 가녀린 목, 내색하지 않고 속으로만 좋아하는 사람들의 마음과 마음, 사람과 사람 사이에 오고가는 정 등 세상에는 다 표현이 되지 않는 느낌들이 너무 많다. 글을 쓴다고는 하지만 그것들을 아직도 제대로 다 표현하지 못하기 때문이다.

하지만, 신은 나에게 소망을 주셨고 인내하는 성품을 주셨다.

모든 삶을 사랑하는 마음으로 강물이 바윗돌을 품고 돌아가는 온유함으로 그렇게 욕심부리지 않는 내면의 자족에 이르는 품성을 지닌 사람으로 허락하셨다.

나무들이 비바람이나 태풍에 잎이 찢어지고 시달려 많은 것을 잃었어도 모과나무는 사과나무를 보며 분심을 일으키지 않는다. 키가 컸던 탓으로 낙과가 많았어도 자기에게 만족하고 기뻐하는 것처럼 내가 가진 것에 만족해야 하는 것을 안다. 다른 것을 원망하지 아니하는 마음으로 품어 사랑하면서 그렇게 살아가려 노력한다. 썩은 씨앗은 싹을 틔울 수 없지만 좋은 씨앗은 싹을 틔울 수 있고, 30배 혹은 100배의 결실이 있듯이 좋은 희망은 훌륭한 씨앗이라고 생각한다.

내 인생에 있어서 몇 번의 책을 낼 수 있을지 알지 못하지만, 지금까지 인생이 봄을 지나 여름이었다면 음악적인 용어로는 아다지오(Adagio)라고 말할 수 있겠다. 아다지오는 느리게 가는 것을 의미한다. 젊은 나이였기에 세월이 느리게 갔음을 생각할 수 있었겠지만, 40 후반에서 50은 인생의 가을로 표현을 할 수 있으리라. 가을의 계절은 짧다. 그 까닭은 이미 겨울이라는 계절이 와서 기다리고 있기 때문이다. 그러니 지금부터의 삶은 알레그로(AIIegro)라 표현을 해도 크게 잘못된 것이 아니라고 생각한다. 세월은 참으로 빠르게 지나간다. 심호흡을 크게 하며 용기를 내어 오던 길을 생각하며, 마중나온 행복에 감사하며, 일생을 살아가는 동안 '외유내강' 이라는 단어를 깊이 생각하며 살아가야 겠다.

사람이 꽃보다 아름다워

가을햇살이 오붓이 내려앉는 오후 3시.

추석의 황금연휴를 지내면서 산길로 발걸음을 옮겼다. 퍼렇던 열매들이 차차 익어가고 길가의 은행잎들도 서서히 노랗게 물들기 시작한 것을 보니 가을의 초입에 들어섰음을 느낄 수 있었다. 알차게 익어가는 곡식 콩, 수수, 들깨가 제법 계절의 의미를 말해주는 양 싶다.

올 여름은 긴 장마로 인해서 햇빛을 거의 보질 못한 듯싶다. 때문에 눅눅한 분위기를 오늘 같이 맑은 날에 날려보자는 심사로 햇빛을 받으며 나선 산행길이다. 빨간 고추가 길가에 널려 있고, 무더기로 피고 지는 사르비아꽃, 주황색과 빨간색을 겸비한 글라디오스가 담장 옆에 예쁘게 피어 있으니 행복하다.

산 중턱쯤 들어서면 휴식처가 있는데, 그곳엔 누군가 적당한 크기의 거울을 나무에 꽁꽁 묶어 놓았다. 산을 찾는 사람들이 땀을 뻘뻘 흘리면서도 그 거울 속에 자기의 모습을 비추어 본다. 외면의 모습과 내면의 모습을 비춰 보라는 뜻으로 걸어놓았는지 그 뜻은 모르겠지만, 오가는 사람들이 땀을 훔치며 잠시 쉬어가기도 하고 흘긋흘긋 자기의 모습을 보며 스쳐지나가고 있다. 나도 잠시 쉬었다 가려는데 전에 만났던 그 할머니와 새댁이 도란도란 이야기를 나누며 다정하게 걷고 있었다.

새댁이 할머니의 운동을 돕고 있는 듯했다. 인간적으로 보기 좋고 아름다운 장면이었다. 전에는 무심코 지나쳤지만 오늘은 그들에게 마음이 쓰였다. 날마다 이 시간이면 이곳에서 저렇게 운동을 하는 것일까? 또 이곳까지는 어떻게 올라왔을까? 또 저들은 시어머니와 며느리 사이일까 아니면 시할머니와 손부 사이일까? 그것도 아니라면 친정어머니와 딸의 관계일까? 온갖 생각이 꼬리에 꼬리를 물고 이어져서 어떤 관계냐고 묻고 싶었지만 참았다.

밤 시간, 해야 할 일은 이일 저일 많은데, 일은 되지 않고, 낮에 산에 오른 덕분인지 잠자리에 들려 하지만, 잠도 쉽게 오지 않고 책을 보려 해도 눈에 글자가 들어오지 않아 공연히 필요 없는 시간으로 허비할 때 티비를 켜게 되었다.

때마침 희귀한 병을 앓고 있는 환자들에게 여러 방법으로 도움의 손길을 주는 프로그램이었다. 보고 있으면 마음이 괴로워질까 봐 보지 말까 하다가 답답한 마음으로 프로그램을 지켜보았다.

상황 안에서 최선을 다하는 의료진의 모습이 감동적이고 건당 1,000원이 올라가는 ARS를 누르는 사람들이 많음을 본다.

나 또한 답답한 마음에 전화 한 통에 착한 사람이 된 것 같은 마음으로 스스로 위안을 삼으면서 느끼는 생각은 아직도 이 세상은 따뜻한 마음을 가진 사람이 더 많다는 것이다. 누구나 어려운 상황을 맞고 싶어서 맞을까? 누구나 원치 않은 상황을 갑작스럽게 맞이하는 상황이 다반사이니 언제 나도 그와 같은 상황에 놓이게 될지 모른다.

오늘 하루에 삶이 분주하고 힘들었던 것 같지만 오늘 낮 시간 산길을 오를 때 만났던 이름 모를 꽃 같은 여인이나, 이 시간도 어려운 이웃들을 위해 작은 마음을 보내는 사람들이나 다 같이 사랑이 있고 따뜻하게 품어 줄 수 있는 가슴이 있어 사람이 꽃보다 아름답다고 생각해 본다.

아직도, 이 세상은 사람이 꽃보다 더 아름다운 마음이 있어 살 만한 가치가 있는 것이며 꽃보다 더 향기로운 사람들의 향기로 감사하며 행복할 수 있을 것 같다.

일상의 삶 속에서 찾아낸 수필의 꽃

-황점복 첫 수필집 『빈손의 미학』출간에 부쳐

김 학

(수필가, (전)국제펜클럽 한국본부 부이사장)

1. 황점복, 그녀의 문학 환경

전라북도 진안군 안천면 백화리 출신인 황점복은 2003년 계간 종합 문예지 『문예연구』 겨울호에서 「빈손의 미학」이란 수필로 등단하여 문단에 얼굴을 내민 여류 수필가다. 그런 그녀가 몇 해 동안 침묵을 지키더니 드디어 처녀 수필집을 출간하겠다고 나섰다. 등단한 지 6년 만의 일이니 반가운 일이 아닐 수 없다.

황점복 수필가는 등단 이후 전북대학교 평생교육원 103강의실에 나오지 않아 흔히 그랬던 것처럼 수필과 인연이 멀어진 줄 알았다. 그러나 가정과 직장이란 두 마리 토끼를 좇으면서도 나름대로 시간을 쪼개어 꾸준히 수필창작을 했던 모양이다. 황점복의 이번 수필집은

행촌수필문학회 회원으로서는 32번째 수필집 출간이다. 참으로 기쁜 일이다.

1남 4녀 중 막내로 태어난 황점복은 한약방을 운영하는 아버지의 사랑을 흠뻑 받으며 자랐다. 책을 좋아하는 아버지의 영향을 받았고, 세 언니들이 읽던 책을 닥치는 대로 읽으며 문학적 소양을 키웠다. 초등학교 때부터 방학이 끝나고 나면 방학 숙제로 일기를 제출했는데 그때마다 일기를 읽어보신 선생님으로부터 잘 썼다는 칭찬을 받았다. 그때부터 황점복은 문학의 꿈을 키우기 시작했고, 어른이 되면 글을 쓰는 작가가 되겠다고 다짐했다.

그러나 결혼을 하여 가정살림을 꾸려야하고 공직에서 직장생활을 하다 보니 작가가 될 꿈을 쉽게 펼칠 수가 없었다. 가정에서는 남편과 두 아들의 뒷바라지를 해야 했고, 직장에 나가서는 맡은 업무를 소홀히 할 수 없었던 까닭이다.

그러다 전북대학교 평생교육원에 수필창작반이 개설되자 황점복은 야간반에 등록하여 주경야독의 길을 걸었다. 103강의실은 황점복이 어린 시절에 꾸었던 꿈을 이루게 해 준 보금자리였다.

수필가 황점복은 상복賞福도 많은 편이었다. 작품의 수준이 높고 운도 따라주었겠지만 응모할 때마다 상을 받았다. 2003년에는 공무원문예대전에서 행정자치부 장관상을 받았고, 2004년에는 대전문화원이 전국적으로 공모했던 여성문학상을 수상했다. 같은 해 7월 전주시가 공모한 양성평등수기에서 시장상인 장려상을 받았고, 2007년에는 전남 담양군의 담양여행후기공모에서 우수상을, 2008년에는 인천광역시 북구청 문화재단에서 주최한 문학작품 공모에서 역시 우수상을 받았다. 화려한 글쓰기 경력이 쌓인 셈이다.

수필가 황점복은 자기 발전을 위해서라면 지금도 배우기를 쉬지 않는다. 아동복지학을 공부하여 복지사와 보육사 자격증을 얻었고, 지금은 한국방송통신대학 국문학과에 편입하여 4학년에 재학 중이다. 엄마도 대학생, 두 아들도 대학생이니 네 식구 중 세 식구가 대학생이다. 안중근 의사는 날마다 책을 읽지 않으면 입에 가시가 돋는다고 했다는데 황점복은 날마다 공부를 하지 않으면 뇌에 가시가 돋는 모양이다. 58편의 수필을 5부로 나누어 수록한 이 수필집을 펼쳐 수필가 황점복의 작품세계로 들어가 보자.

2. 황점복 수필 들여다보기

수필은 수필가와 독사의 힘겨루기라고 해도 지나친 말은 아니다. 작가와 독자 사이에 펼쳐지는 고도의 심리전이란 이야기다. 수필가는 독자의 심리상태를 예상하고 그에 대처하면서 작품을 빚어야 한다. 읽을 거리가 풍부한 요즘의 독자는 작가의 겨자씨 같은 결점만 발견되어도 읽던 책을 금세 덮어버리려고 한다. 따라서 수필가는 독자의 그런 심리상태를 파악해야 하고, 독자들에게 그런 빌미를 주지 않도록 작품을 빚어야 한다.

독자가 처음부터 호기심과 궁금증을 갖고 작가에게 끌려오도록 유도하지 않으면 안 된다. 한 편의 작품을 다 읽은 뒤에 독자가 머리를 끄덕이거나 무릎을 치며 공감의 미소를 자아내도록 해야 할 것이다. 그게 바로 수필가가 수필작품을 창작할 때 꼭 염두에 두어야 할 중요한 에센스이다.

> 흰 고무신은 어른들의 신발이었고, 까무잡잡하면서도 번드르르 윤기가 흐르며 꽃무늬와 나비무늬가 새겨진 신발은 단발머리인 나의 신발이었다. 나는 그 검정신발을 보물처럼 소중히 아꼈다.
>
> 여름날, 냇가에서 놀면서 나는 꿈 많은 선장이 되어 고무신으로 배를 만들고, 모래톱에서는 트럭이나 기차, 비행기까지 만드는 등 만들지 못하는 것이 없었다. 송사리나 미꾸라지, 물방개, 우렁이 등을 잡으면 고무신에 담아서 간이어항처럼 들고 다녔던 시절도 있었다.
>
> ―「검정 고무신」 중에서

어릴 때 즐겨 신었던 고무신에 대한 풋풋한 추억들을 되새기고 있다. 어른들은 비싼 흰 고무신을 신었지만 어린이들은 값싼 검정 고무신을 신었다. 장난감이 없었던 옛날 어린이들에게 검정 고무신은 가까운 다용도 놀이기구이기도 했다. 그 검정 신발이 남의 신발과 바뀌지 않도록 하고자 신발에 여러 가지 표시를 하기도 했었다. 그처럼 아름다운 추억을 제공해 주던 그 검정 고무신이 지금은 우리네 신발장에서 찾아보기도 어렵게 되었다. 세월이 흐르면서 그런 변화가 온 것이다. 수필가 황점복은 26년의 공무원생활에서 얻은 경험 때문인지 수필가로서의 눈썰미가 날카롭다.

> 오늘 나는 핀을 샀고, 그 핀으로 인해서 잊혀졌던 중고등학교 때의 단발머리를 다시 한번 떠올리게 되었다. 비록 천 원짜리 핀이지만 몇 번이고 꽂아보면서 공주도 되고 마나님도 되며 귀부인도 되었다. 오늘 하루는 나에게 어떠한 하루였는지, 길이라면 어떤 길이었는지를 생각하면서 밝고 행

복한 미소를 지었다. 비록, 천 원짜리 핀이지만 그 물건 하나에서 미소와 행복한 마음을 얻을 수도 있었다. 나는 핀 때문에 오늘 행복 하나를 건져올렸다.

—「천 원짜리 행복」 결미

수필가 황점복은 행복을 찾을 줄 아는 눈을 갖고 있다. 행복은 그렇게 멀리 있거나 큰돈을 들여야 살 수 있는 게 아니다. 마음먹기에 달린 것이다. 노점상에서 단 돈 천 원을 주고 산 핀을 거울 앞에서 머리에 꽂아 보면서 공주도 되고 마나님도 되며 귀부인도 되는 상상력을 발휘한다. 그게 바로 화자 자신의 자기도취요 자기행복이다. 백화점에서 산 값비싼 핀이 아니더라도 그렇게 행복을 느낄 수 있는 소박한 마음씨가 아름답다. 그게 수필가의 마음이다.

여행을 잘하면 백 권의 책을 읽는 것보다 낫다고 했던가? 수필가 황점복도 여행을 즐긴다. 유럽을 둘러보고 빚은 기행수필도 독자의 눈길을 끌기에 충분하다.

말로만 듣고 사진으로만 보았던 에펠탑을 찾으니 입이 다물어지질 않았다. 하늘 위로 우뚝 솟아있는 에펠탑의 모습은 위압감과 놀라움을 자아내게 했다. (중략) 우리는 엘리베이터로 300미터 최고층 전망대까지 올랐다. 엘리베이터가 올라갈수록 시가지는 점점 더 넓게 보였다. 중간에서 엘리베이터를 한번 갈아탄 후에야 최상층 전망대에 다다르니 파리 시가지가 한눈에 들어왔다. 콩코드광장, 루부르 박물관, 베르사이유 궁전, 샹제리제 거리, 개선문 등이 시야에 잡혔다. 파리 시내가 한눈에 내려다보이는 에펠탑전망대에서 아름다운 광경을 한 컷 사진에 담아보기도 했다.

—「에펠탑과 세느강」 중에서

에펠탑과 세느강은 프랑스 파리의 상징물이나 다를 바 없다. 그러기에 언제나 관광객들의 발걸음이 잦은 곳이다. 수필가 황점복은 파리의 관광명소를 둘러보면서도 그곳에서 터득한 견문을 전주를 위해 어떻게 풀어낼 것인지 고민한다. 전주시청 공무원으로서 마땅한 자세려니 싶다.

> 파리를 가로지르는 세느강. 파리는 타원형의 도시로, 긴 쪽이 약 11킬로미터이고 짧은 쪽은 8킬로미터라고 했다. 세느강은 서울의 한강에 비하면 수량이나 강폭이 비교할 수 없을 정도로 작다. 그러나 잘 가꾸어진 세느강변의 시가지 풍경은 역시 파리가 예술의 도시라는 이름에 부끄럽지 않게 무척이나 아름다웠다.(중략)
>
> 세느강에는 32개의 다리가 있는데 다리마다 예술적인 조각으로 장식되어 있어 모두 아름다웠다. 18세기 말까지만 해도 이 가운데 두 개를 제외하고는 모든 다리에 아파트가 있었으나 도시의 미관을 해치고 공기의 소통을 막는다고 해서 모두 철거되었다고 한다.
>
> —「에펠탑과 세느강」 중에서

예술의 도시 파리가 우연히 이루어진 것이 아님을 알 수 있다. 미관을 해치는 세느강 강변의 아파트들을 헐어버린 과감한 개발전략이 오늘의 아름다운 파리를 만들게 된 것임을 알 수 있다.

작가가 어느 면에 관심을 갖느냐에 따라 수필의 내용은 달라질 수밖에 없다. 수필가 황점복은 독실한 기독교 신자이다. 온 가족이 다 그렇다. 그래서 그런지 그녀의 수필작품에서도 종교적인 냄새가 안개처럼 피어난다.

인간이 무엇을 소유하는 순간, 오히려 그는 집착에 빠지게 된다. 재물, 명예, 권력 등을 소유하면 그 순간부터 그것의 노예가 되고 만다. 거울은 모든 사물을 비추지만 그 어느 것도 소유하지 않는다. 왔다가 떠나면 그뿐, 연연해하지 않는다. 간직하지도 얽매이지도 않으므로 거울은 언제나 자유롭다. 이러한 거울은 우리에게 바른 삶의 모습을 제시한다.

―「빈손의 미학」 중에서

신앙심이 깊은 수필가 황점복의 사유思惟는 깊이와 너비가 예사롭지 않다. 신심信心으로 잘 닦여진 철학적 수필이라고 하겠다. 황점복은 바로 이 「빈손의 미학」으로 계간 『문예연구』에서 신인상을 받고 수필가로 등단하였다. 등단작품이 마지막 작품이 되고 이슬처럼 수필 문단에서 사라져버린 신인들이 없지 않은 게 현실이다. 그런데 수필가 황점복은 불광불급不狂不及이 자세로 수필과 정을 나누며 마침내 첫 수필집을 상재上梓하게 되었으니 그 뚝심을 높이 사주지 않을 수 없다.

세잎클로버는 행복이고, 네잎클로버는 행운이란 꽃말을 갖고 있다. 오늘 찾아 온 네잎클로버를 책갈피에 꽂으며 나는 깊은 생각에 젖었다. 세잎 클로버처럼 우리는 늘 행복한 삶을 살면서도 그게 행복인지 모르고 살았던 것은 아니었을까? 어쩌다 찾아오는 행운이 비정상적인데 그 행운을 정상적인 것처럼 여기지는 않았을까? 세잎클로버의 숫자는 네잎클로버에 비해서 훨씬 더 많으리라. 정상적인 삶, 소중한 삶이라는 것을 깨닫지 못하고 어쩌다 찾아오는 행운이 행복인 것처럼 살아가는 삶은 아니었을까? 오늘 나는 백련을 보러 갔다가 우연히 네잎클로버를 만났다. 행운을 가져다준다는 그 네잎클로버를…….

―「네잎클로버」 결미

화자는 김제시 청하면 청운사의 백련白蓮을 구경하러 갔다가 돌아오는 길에 행운이란 꽃말을 갖고 있는 네잎클로버를 찾았다. 백련을 보러 갔다가 우연히 네잎클로버를 발견한 화자는 행복과 행운에 대한 생각을 하고 자기 반성을 함으로써 독자의 공감을 자아내고 있다. 결미 부분의 의미부여가 이 작품의 안정감을 준다.

수필가 황점복은 입체적인 수필을 써서 독자의 사랑을 받는다. 현실과 과거를 넘나드는 구성으로 눈길을 사로잡는다. 「추억과 현실」이란 작품이 그렇다.

> 여기 물방울 하나가 한동안 머물다가 날아가 버린 '흔적'이 있다. 이 마른 '흔적'은 지금 그 물방울이 존재하지 않는다는 더없이 확실한 물증이지만, 한때 물방울이 여기 존재했었다는 가장 유력한 알리바이이기도 하다. 그래서 그 물방울을 돌이킬 수는 없지만, 우리는 "물방울이 여기 있었다."고 말할 수는 있다. 곧 물방울의 '흔적'은, 일정한 시간을 사이에 둔, 물방울의 '존재와 부재'를 동시에 증명하고 있는 실체이다. 우리의 삶도 이 물방울의 마른 '흔적'과 같다.
>
> —「추억과 현실」 서두

이 역시 철학적인 수필이라고 할 수 있다. 추억이란 과거 속에 묻혀 있을 때는 아름답지만 현실로 나타나면 좋던 이미지가 깨지는 경우가 많다. 화자는 그 사례로서 어느 방송국의 인기 프로그램인 「TV는 사랑을 싣고」를 예화로 제시한다. 오래 전에 헤어진 연예인의 첫사랑을 찾아 현실공간인 스튜디오에서 직접 만나게 해 준다. 그러나 그것은 얼마나 멋쩍고 어색한 만남이겠는가?

또 피천득의 수필 「인연」을 예화로 소개하고 있다. 피천득은 세 번째 만난 아사코의 시들어가는 모습을 본 다음에는 세 번째는 아니 만났어야 좋았을 것이라며 후회를 한다. 추억은 추억 속에 있을 때 아름다운 법이다. 그 밖에도 화자는 이 작품에서 몇 가지 영화 이야기를 곁들여 독자에 대한 설득력을 높여주고 있다. 이 작품이 바로 2003년 공무원문예대전에서 행정자치부 장관상을 받은 수필이다.

수필가 황점복은 농촌 출신이어서 그런지 자연친화적인 글감을 잘 찾는다. 문장 역시 어린 시절에 즐겨 체험했던 자연물을 맛깔스럽게 묘사하기도 한다. 농촌수필가로 활동을 해도 좋을 것 같다. 한 편의 서정시 맛이다.

> 갈대는 속실을 태우며 홀로 영그는 꽃이나, 방부의 한을 날래늣 설대고 독을 감수하며 고향의 하늘을 지키는 성숙함이 돋보인다. 산속에서, 들녘에서, 논둑 어귀에서 하얗게 소복을 하고 열정을 감춘 채 말없이 드높은 위상을 펼쳐낸다.
>
> 그러므로 제 영역 안에서 제 경계를 뛰어넘지 않는 법도와 순열을 지키며 참 자유를 누린다. 그 꽃은 걸림이 없다. 어디로든 떠돌아다니다 정착하게 되면 그곳에 뿌리를 내리는 토착민처럼 제2의 인생을 새로운 대지 위에 펼치게 된다. 그는 혼자이기보다 많은 무리 속에 살아가길 좋아하며 대중 속에 어우러져 돋보이지도 처지지도 않는 범주를 지켜가며 소박하고 진실하게 살아가는 것이다.
>
> —「가을에 피는 억새」 중에서

문장이 무척 서정적이고 섬세하다. 문세가 나긋나긋하여 읽을 맛이 난다. 전체적으로 가을 서정을 잘 버무려낸 작품이라고 하겠다. 화자는 갈대가 꽂힌 방에 있으면 바람이 불어오지 않아도 바람을 느낄 수 있고, 혹여 그리운 사람이 멀리 있다 해도 그들과 함께 할 수 있게 될 것 같다고 했다. 갈대가 마술의 소품도 아닌데 화자는 무한한 상상력을 동원하여 생각의 지평을 열어 간다. 억새와 갈대를 좋아하는 화자이기에 가능한 일이려니 싶다.

> 중학교에 들어가기 전 ABC를 가르쳐 준 분도 새언니였고, 자장면을 처음으로 사 주던 분도 새언니였다. 앞치마도 만들어 주었고, 머리 모양도 예쁘게 따주었으며, 예쁜 아기인형도 손수 만들어 주었다. 봉숭아꽃을 따다 손톱에 예쁘게 빨간 물을 들여주기도 했다.
>
> "아가씨! 봉숭아 꽃물이 첫눈 올 때까지 빠지지 않고 있으면 첫사랑이 이루어진대요."
>
> 나는 첫사랑이 이루어진다는 말이 무슨 뜻인지도 모르고, 첫눈 올 때까지 그 꽃물이 빠지지 않게 하려고 손톱을 자르지 않았다.
>
> —「추석」 중에서

올케로 들어온 새언니는 어린 화자의 마음을 사로잡기에 충분했다. 그 새언니는 추석 송편도 예쁘게 빚었을 뿐 아니라 바느질솜씨, 음식솜씨도 좋고 마음씨도 고왔다. 새언니는 무엇이든지 잘 하였기에 화자가 늘 본받고 싶은 이상적인 여성상이었다. 다재다능한 가정교사 같은 그런 새언니가 곁에 있었기에 화자는 마침내 칭송받는 며느리, 아내, 엄마가 되었으려니 싶다.

3. 수필가 황점복이 가야할 길

문학은 체험의 재구성이다. 문학의 다섯 가지 장르 중 수필은 특히 체험 자체를 가장 중요하게 여기는 장점이 있다. 그 체험에 의미부여란 양념이 제대로 잘 버무려지지 않으면 수필로서의 대접을 받지 못한다. 일찍이 원로수필가 김규련 선생은 이렇게 이야기한 적이 있다.

"수필은 시로 쓴 소설이요, 소설로 쓴 철학이요, 언어로 그린 명화名畵요, 뜻으로 부르는 노래일지도 모른다."

그렇다. 김규련 선생의 말씀처럼 수필을 한마디로 정의한다면 '거짓 없는 자화상'이라고 할 수도 있을 것이다.

수필의 길은 멀고도 험난하다. 나이가 많다고, 학벌이 좋다고, 사회적 지위가 높다고, 돈이 많다고, 오래 썼다고 좋은 수필을 쓸 수 있는 것이 아니다. 좋은 수필을 빚는 데 왕도는 있을 수 없다.

많이 읽고 많이 써보고 많이 생각해 보라는 구양수의 삼다설三多說을 따르는 것이 바로 좋은 수필을 쓸 수 있는 요체라고 말하고 싶다.

수필가 황점복이 꾸준히 수필에 정진하여 앞으로도 일정한 터울로 제2, 제3의 수필집을 잇따라 출간하기를 바란다. 또 창작활동과 더불어 문단활동도 더 적극적으로 하고, 문단의 구경꾼이 아니라 문단의 중심으로 들어가서 주류가 되라고 권하고 싶다. 더욱 꾸준히 정진하여 쌓이는 연륜과 더불어 수필가로서 대성하기를 바라마지 않는다.

황점복 수필집

빈손의 미학

초판인쇄 : 2009년 10월 11일
초판발행 : 2009년 10월 14일

지은이 : 황 점 복
펴낸이 : 서 정 환
펴낸곳 : 신아출판사

등 록 : 1984년 8월 17일 제28호
주 소 : 전주시 완산구 태평동 251-30
전 화 : (063) 275-4000, 252-5633
E-mail : sina321@hanmail.net

값 10,000원
ISBN 978-89-5925-605-1 03810